Auf steilen Wegen

Uli Sorg

Auf steilen Wegen

Essays zu Alpinismus, Natur und Fotografie

uweb Verlag

Sorg, Uli
Auf steilen Wegen
Essays zu Alpinismus, Natur und Fotografie
Hrsg. Uli Sorg
1. Aufl., Tettnang
uweb Verlag, 2013
ISBN 978-3-9811505-2-0

Daten der Deutschen Nationalbibliografie zu diesem Buch
finden Sie im Internet unter: <http://dnb.d-nb.de>

© 2013 uweb Verlag, Tettnang
www.hochempor.de, info@uweb.de

Fotografie, Visuelle Gestaltung,
Typografie, Druckvorstufe und Repro: Uli Sorg

Druck, Bindung und Gesamtherstellung: LONGO AG, Bozen, www.longogroup.it
Gedruckt mit Heidelberg Speedmaster XL105, CTP: Punktraster 70 L/cm
Drucktechnik: Duplexdruck Schwarz / PANTONE 415c
Klimaneutral gedruckt, siehe S. 228, IT-213-539477
www.nature-office.com, Bozen, 2013
Papier, Buchkern: Garda Pat Kiara 135 g/m², Vol. 1,3, umweltfreundlich, chlor- und säurefrei gebleicht
Vorsatz- Nachsatzpapier: Surbalin, linea, kalkgrau, 5122
Bezug: Surbalin, gerippt, graphit 4061
Verwendete Schriften: Syntax/Linotype, Garamond, Info Web-Italic/FontShop

30 Exemplare der Erstauflage mit handsigniertem Fine Art Print

Mitten im Gelärm das innere Schweigen bewahren.
Offen, still, feuchter Humus im fruchtbaren Dunkel bleiben,
wo Regen fällt und Saat wächst –
stapfen auch noch so viele im trockenen Tageslicht
über die Erde in wirbelndem Staub.

Dag Hammarskjöld

Inhalt

8 Vorwort

12 Monochromie pur
Oder die Kunst des Weglassens

24 Morgenspaziergang im Wald
Vom Fotografieren

32 Piz Turba
Im hinteren Avers Hochtal

57 Die Lärche aus dem Avers Hochtal
Eine Baumscheibe erzählt

122 Strukturen
Die Muster der Natur

144 Seilpartner und Weggefährten
Bergvagabunden sind treu

162 Zeichen am Weg
Von Wegweisern und Markierungen

186 Silberwurz und Alpenglöckchen
Leben am Limit

208 Anhang
Literatur- und Quellenverzeichnis

212 Bildnachweis
Dank

◄ *Alpenrebe (Clematis alpina). Die fedrigen Fruchtstände der Alpenrebe sind immer wieder ein will-*
kommenes Fotomotiv, auch bei Regen oder Nebel. Die Alpenrebe ist die einzige Liane der Alpen.

Vorwort

Der Begriff Essay geht auf das Lateinische „exagium" zurück, das Abwägen oder Probieren bedeutet. Im weiteren, literarischen Sinne kann man dies auch als „gedankliche Versuche" interpretieren.

Der Philosoph und Freidenker Michel Eyquem de Montaigne (1533 – 1592) hat sich mit einer Vielzahl von gesellschaftlichen Themen auseinandergesetzt und diese niedergeschrieben. Er gilt als Begründer der Essayistik, denn in einem Zeitraum von ungefähr 20 Jahren schuf er über einhundert solcher Abhandlungen oder Versuche, die in seinem Hauptwerk, den „Essais", zusammengefasst sind.

Auch meine vorliegenden Texte sind subjektive Reflexionen und Gedankenspiele zu verschiedenen Themen, die mich die letzten Jahre beschäftigt und mit denen ich mich auseinandergesetzt habe.

Wir trachten nach anderen Lebensformen, weil wir die unsere nicht zu nutzen verstehen. Wir wollen über uns hinaus, weil wir nicht erkennen, was in uns ist. Doch wir mögen auf noch so hohe Stelzen steigen – auch auf ihnen müssen wir mit unseren Beinen gehen. Und auf dem höchsten Thron der Welt sitzen wir nur auf unserem Arsch.

MICHEL DE MONTAIGNE (1533 – 1592)

Da ich einen Großteil meiner Freizeit in den Bergen verbringe und dort auch gerne fotografiere, liegt der Schwerpunkt meiner Abhandlungen im Bereich Alpinismus, Natur und Fotografie. Sie folgen keiner strengen wissenschaftlichen Methodik, wurden aber gewissenhaft recherchiert und spiegeln meine Erfahrungen und Erlebnisse auf diesen Gebieten wider.

Heutzutage kann jeder auf einen breitgefächerten Medien- und Informationspool zugreifen. Ob Internet, Fernsehen oder Printprodukte, es steht jederzeit ein schier unüberschaubares Spektrum an Unterhaltungs- und Informationsmedien zur Verfügung. Mir scheint, dass dabei eigene Überlegungen und Reflexionen manchmal zu kurz kommen. Schön wäre es, wenn ich mit meinen Essays meine Leser dazu animieren könnte, sich selber Gedanken zum einen oder anderen Thema zu machen.

▲ *Auf dem Weg zum Zafernhorn, 2107 m. Die sog. Faschinaberge bilden den natürlichen Abschluss des Bregenzerwaldgebirges im Westen zu der Zitterklapfengruppe des Lechquellengebirges im Osten.*

▶ *Sonnenaufgang auf der Schesaplana. Links der Bildmitte von unten nach oben: Kanzelköpfe, 2380 m, Kirchlispitzen, 2551 m, Drusenfluh, 2828 m, und am oberen Bildrand Drei Türme, 2830 m.*

Monochromie pur

oder die Kunst des Weglassens

I n der Literatur sagt man ja, dass ein Text erst dann gut ist, wenn man nichts mehr weglassen kann. Oder mit den Worten von Antoine de Saint-Exupéry: „Perfektion ist nicht dann erreicht, wenn nichts mehr hinzuzufügen ist, sondern wenn man nichts mehr wegnehmen kann." Überträgt man dieses Axiom, diesen Grundsatz zur Perfektion, auf die Fotografie, könnte man z.B. bei manchem Bild auf Farbe verzichten. Denn hat man

Was schwarzweiß nicht gut ist, wird durch Farbe nicht besser.

ANTON STANKOWSKI (1906 – 1998)

erst einmal ein ausdrucksstarkes, kontrastreiches Motiv erkannt, lässt sich durch das Reduzieren von Farben auf Grauwerte die Bildaussage meist noch verstärken und verdichten. Auge und Gehirn finden nun in Bildausschnitt und Komposition, Hell-Dunkel-Kontrast und Linienführung die Bildaussage. Aber Vorsicht: Schwarzweißfotografie ist nicht einfach Fotografie ohne Farbe.

Es eignet sich nicht jedes Motiv für Schwarzweiß. Schwarzweißfotografie ist schwieriger, kompromissloser. Der Fotograf muss das Motiv auf eine andere Art sehen. Es braucht mehr Zeit, Erfahrung und Vorausdenken, um zu einem guten „monochromen" Bild zu kommen. Es ist schwierig, mit einem Schwarzweißbild einem farbgesättigten Bild Paroli zu bieten. Auf die Spitze getrieben wird der Farbrausch mit Fotoeffekten wie HDR oder auch High Dynamic Range. Diese fotografische Aufnahmetechnik, die von Amateuren und Profis gleichermaßen angewandt wird, steigert Dynamikumfang und Farbintensität ins fast Unermessliche und flutet unsere Netzhäute mit wahren Farborgien.

Wie wohltuend ist dann wieder einmal ein gutes Schwarzweißbild. (1) Ein Bild, bei dem die Wirkung von Licht und Schatten genügen, um atmosphärische Stimmung zu übertragen.

▶ *Die formschöne Damülser Mittagsspitze, 2095 m, im Winter.*

Nebelschwaden wallen
über Berg und Tal,
sinken,
steigen,
fallen,
malen grau und fahl.

Nebelschwaden ziehen
in die Seele ein;
machen
Freuden
fliehen,
lassen einsam sein.

Nebelschwaden lügen,
dass man einsam geht.
Lass dich
nicht
betrügen.
Sieh, wer bei dir steht!

BRUNO WALDVOGEL-FREI

Meines Erachtens können Schwarzweißbilder die Wirkung des Lichts sehr gut darstellen. Die Bilder der winterlichen Damülser Mittagsspitze lassen dies erahnen. Der S-förmige Nordgrat oder die aus dem Nebel auftauchenden Felsrippen mit dem einsamen Gipfelkreuz haben schon eine solch tonangebende Formensprache, dass es keiner Farbe mehr bedarf. Würde dieses Motiv nun als reines Schwarzweißbild gedruckt, also nur mit der Druckfarbe Schwarz, Grautönen als Rasterungen von Schwarz und Papierweiß, wären wir vermutlich vom Bildeindruck enttäuscht. Es fehlte dem Bild an Plastizität und Tiefe.

Farbenpracht blendet das Auge.
LAO-TSE, DAO-DE-DSCHING
6. JH. V. CHR

Drucktechnisch bedingt kann ein Schwarzweißbild nur 40 bis 60 verschiedene Graustufen oder Tonwerte abbilden. Erst durch ein etwas aufwändigeres Druckverfahren, den Duplexdruck, bekommt das Bild wieder bedeutend mehr Tonwerte und Tonabstufungen und damit einen höheren Tonwertumfang, also ein kräftigeres, prägnanteres Druckbild. Beim Duplexdruck werden zwei Druckplatten und damit auch zwei Druckfarben eingesetzt. Damit erhöht sich der Tonwertumfang signifikant, nämlich um das 50fache. (50 x 50 Tonwerte = 2500 Tonwerte). Im vorliegenden Buch wurde außer Schwarz noch die Sonderfarbe Pantone 415c gewählt, ein warmes Grau. Die Farbe habe ich ausgesucht, weil sie meines Erachtens vom Farbton her am ehesten den klassischen Baryt-Warmtonpapieren nahekommt.

◄ *Blick von der Carschinahütte, 2221 m, hinüber zu den senkrechten Südwänden der Drei Türme.*

Diese Fotopapiere werden nach wie vor von Fotografen und Fotokünstlern verwendet, die Arbeiten in der Tradition alter Meisterfotografen für Ausstellungen anfertigen. (2) Um dem Gesamteindruck eines wertigen Fotoabzuges nahezukommen und auch dem besonderen Druckverfahren gerecht zu werden, habe ich auch das Papier für dieses Buch sorgsam ausgewählt. Mit 135 Gramm pro qm und 1,3 fachem Volumen bewegen wir uns im oberen Bereich für Buchdruckpapiere. Allerdings erreichen wir durch Papiervolumen und Gewicht auch erst den angenehmen haptischen Eindruck, den uns ein Baryt-Fotopapier bieten würde. So denke ich, dass meine Aufnahmen am besten zur Geltung kommen.

Fotografie ist die Trauer über die vergängliche Zeit und das Bedürfnis, einige Augenblicke festzuhalten – es gibt formale Emotionen, hervorgerufen durch Licht oder Form, sentimentale oder sensuelle, die durch Menschen ausgelöst werden, und rein intellektuelle. Die Fotografie kann sie vereinen und daraus neue schaffen ... Fotografie ist unlösbar mit der Zeit verknüpft, die sie festhält, mit der Zeit, die zwischen den Fingern, zwischen den Augenblicken zerrinnt, mit der Zeit der Dinge und Menschen, des Lichts und der Gefühle. Die Zeit wird nie mehr das sein, was sie war.

JEANLOUP SIEFF (1933 – 2000)

◀ *Wolken und Nebel haben die Damülser Mittagsspitze fast verschluckt.*

(1) Um zu einem guten Schwarzweiß-Duplexbild zu kommen, gibt es verschiedene Wege und Möglichkeiten. Eine Auswahl:

a) Aufnahme mit einer reinen Schwarzweiß-Digitalkamera (Phase One-Achromatic+, Leica M-Monochrom). Gegebenenfalls, aber nicht zwingend, nachfolgende Bildbearbeitung und Konvertierung in den Duplex-Farbraum. Derzeit wohl die exotischste und eleganteste (und beste?) Lösung, erfordert allerdings ein adäquates, satt gefülltes Bankkonto und scheidet wohl für die Mehrzahl der Fotografen (mich eingeschlossen) aus.

b) Konventionelle Aufnahme auf hochauflösendem analogem Schwarzweißfilm, dann Scan, Bildbearbeitung und anschließende Konvertierung in den Duplex-Farbraum. Beste, aber arbeitsintensivste und zeitaufwendigste Lösung. Erfordert umfangreiches Fachwissen über den gesamten analogen Arbeitsablauf (Filmbelichtung, -Entwicklung und Scanprozess).

c) Aufnahme im Farbmodus der Digitalkamera, Umwandlung des Farbbildes mit spezieller Software am PC in ein Schwarzweißbild und anschließende Konvertierung in den Duplex-Farbraum. Dieser komplett digitale Workflow bietet viele Vorteile für den Fotografen und ist meines Erachtens der beste Kompromiss zwischen hohem Qualitätsanspruch und vertretbarem Arbeitsaufwand. Dies ist meine bevorzugte Arbeitsweise.

d) Aufnahme im Schwarzweißmodus der Digitalkamera, Bildbearbeitung mit Duplex-Konvertierung. Schnellste, aber schlechteste Lösung. Zwar bietet diese Variante den Vorteil, dass wir das Sucherbild schon Schwarzweiß sehen, also schon einen Vorgeschmack vom fertigen Bild haben. Wir schöpfen allerdings nicht die volle Leistungsfähigkeit des CCD-Chips unserer Kamera aus, da die Umwandlung vom Farbbild ins Schwarzweiß-

Was nützen mir die Farben,
wenn ich nicht weiß,
was ich malen soll?

MICHEL DE MONTAIGNE (1533 – 1592)

▶ *Im hinteren Bregenzerwald.*

bild der kamerainterne Rechner und nicht unser leistungsfähigerer Desktoprechner macht.

Bei diesen Betrachtungen sind Speicherformat (RAW, TIFF oder JPG), Umwandlungstechnik von Farbe zu Schwarzweiß mit spezieller Software, individuelle Anpassung und Feinjustierung des Duplexmodus, Kalibrierung von Monitor und aller am Produktionsprozess beteiligter Hardware-Komponenten noch gar nicht berücksichtigt.

Neutrales Grau ist eine charakterlose, indifferente Nichtfarbe und ist sehr leicht beeinflussbar durch Ton- und Farbkontraste. Es ist stumm, aber leicht erregbar zu herrlichen Tönen.

JOHANNES ITTEN (1888 – 1967)

(2) Wie es der Name schon sagt, handelt es sich bei Barytfotopapier um richtiges, dickes Papier mit einer Gelatineschicht. Moderne PE-Fotopapiere (PE= polyethylenbeschichtet), welche überwiegend im klassischen analogen Fotoprozess eingesetzt werden, haben aber eine Kunststoffschutzschicht. Diese Papiere zeichnen sich zwar durch wesentlich kürzere Prozesszeiten und weniger Wasser- und Chemieverbrauch aus, bieten allerdings nicht die „griffige" Oberfläche eines Barytpapieres.

▶ *Die Drei Türme oder Dri Türm bzw. Drei Drusentürme im Rätikon liegen in nächster Nähe zur Lindauer Hütte. Von links nach rechts: Kleiner Turm: 2.754 m, Mittlerer Turm: 2.782 m, Großer Turm: 2.830 m*

Morgenspaziergang im Wald

Vom Fotografieren

Es ist natürlich unmöglich, die vielen Sinneseindrücke im Moment dieser Aufnahme wiederzugeben. Zu viele Informationen strömen auf uns ein. Unsere sensiblen Sensoren sehen, riechen, schmecken, tasten und hören unablässig und vermitteln uns permanent den Zustand unserer Umwelt.

Bei diesem Morgenspaziergang waren es auch Luftfeuchtigkeit und Temperatur, die mir in Erinnerung geblieben sind. Jeder kennt den frischen Geruch von Waldluft und die angenehme Kühle des Morgentaus, der sich auf die Haut legt.

Um so zu sehen, wie die Kamera sieht, muss ein Photograph seine gesamten Sinne zum Schweigen bringen.

ANDREAS FEININGER (1906 – 1999)

Kann man solche Stimmungen in ein Bild transferieren? Manche Fotografen sprechen ja sogar von der „Seele" eines Fotos. Drei Sinneseindrücke fallen beim derzeitigen Stand der Technik schon mal aus: riechen, schmecken und tasten. Das Aufnehmen von Ton ist kein Problem, wobei wir dann aber auch gleich filmen können. Bleibt das fotografische Abbild der Wirklichkeit. Und auch hier taucht das eine oder andere Problem auf: Nach dem Auslösen (klick) hat der Prozessor der Kamera einen circa 5 -10 MB großen Datenstrom (abhängig von der Sensor-Auflösung) aus Nullen und Einsen auf die Speicherkarte geschrieben. Durch Unzulänglichkeiten der Kameraoptik, technische Begrenztheit von Bildsensor und internem Rechner sind schon mal ein Teil der Bildinformationen unter den Tisch gefallen.

▶ „Bald prangt, den Morgen zu verkünden, die Sonn auf goldner Bahn ..."
W.A. Mozart, aus der Oper „Die Zauberflöte"

Wenn nicht im RAW-, sondern im JPG-Modus fotografiert wird, wird das Bild zudem durch Kompression (verlustbehaftete Datenreduzierung) und Schärfung verändert.

Die unzähligen Helligkeitsunterschiede dieses Gegenlichtmotives wurden also nur teilweise in adäquate elektrische Ladungen umgewandelt. Unser Auge kann hier beim derzeitigen Stand der Technik mit den Kamerasensoren immer noch mithalten. Es hat eine hohe Empfindlichkeit und kann hohe Kontraste sehr gut an den „Großrechner" Hirn weiterleiten. Es kann aber auch die Empfindlichkeit in verschiedenen Bereichen der Netzhaut lokal steuern. Anders als beim Kamerasensor, der die Bildinformationen in einem Hui ausliest und auf die Speicherkarte schreibt, kann das Auge die Signale seiner Licht-

Der Gebrauch einer Kamera ist ähnlich dem eines Messers: Man kann damit Kartoffeln schälen, aber auch eine Flöte schnitzen.
ERICH KAHLMEYER (1906 – 1998)

sinneszellen unterschiedlich unterdrücken oder verstärken. Das führt im Endeffekt zu einer deutlichen Kontrasterhöhung. Wir sehen also im hellen Gegenlicht in den Baumkronen oder in den dunklen Schatten des moosigen Waldbodens immer noch Details, die wir später auf unserem gedruckten Bild schmerzlich vermissen. Denn auch in der Druckvorstufe und im Druck selber gehen nochmals viele Informationen verloren. Und das ist die Crux an der Sache, aus einem „natürlichen" Tonwertumfang von 1000:1 bleibt am Ende nur noch ein mageres Häuflein von 100:1 übrig. Selbst auf bestes weißes Hochglanzpapier gedruckt, kann ein Bild maximal einen Tonwertumfang von 100:1 aufweisen.

So zeigt uns ein reproduziertes Bild immer nur einen Ausschnitt aus der Wirklichkeit. Oder anders gesagt: „Eine Fotografie zeigt nie die Wahrheit." (Richard Avedon, 1923 – 2004).

Bereit sein ist viel,
warten zu können ist mehr,
doch erst:
den rechten Augenblick nützen
ist alles.

HANS MARTIN ERHARDT (*1935)

▲ *Die achtblättrige Silberwurz (Dryas octopetalaL.) wächst vorwiegend auf*
Geröll, Felsen und Moränen in Kalkstein und Dolomitgebieten.
Hier leuchtet uns der fedrige, silberglänzende Griffel (Fruchtstand) im
Streiflicht entgegen.

Apropos Ausschnitt: Je nach eingestellter Brennweite (Tele oder Weitwinkel), Formatwahl (Bildverhältnis 4:3, 3:2, 19:9, 1:1, Hoch- / Querformat) und Blende (Schärfentiefe!) erzeugen wir ohnehin ein spezielles Bruchstück vom Ganzen. Und trotzdem gelingen uns immer wieder Aufnahmen, die die Stimmung eines Augenblicks transportieren. Der Betrachter kann sich in die Atmosphäre zum Zeitpunkt der Aufnahme hineinversetzen.

Vielleicht haben wir gerade in diesem Augenblick Henri Cartier-Bressons Leitspruch befolgt: „Fotografieren bedeutet, den Kopf, das Auge und das Herz auf dieselbe Visierlinie zu bringen. Es ist eine Art zu leben."

Henri Cartier-Bresson (1908 – 2004) war einer der bedeutendsten Fotografen des 20. Jahrhunderts. Er prägte das Jahrhundert mit seiner Kamera wie kaum ein anderer Fotograf. Seine Lebensgeschichte ist untrennbar mit den großen historischen Ereignissen seiner Zeit verbunden. Seine Leica M schussbereit, lag er, wie er selbst gerne sagte, „auf der Lauer" und wartete auf den „entscheidenden Augenblick". Seine Bilder waren durchwegs in Schwarz-Weiß und immer im Maßstab des Kleinbildnegativs gehalten.

◄ *Breitblättriger Enzian (Gentiana acaulis). Die Gattung Gentiana ist bei über 500 verschiedenen Arten gar nicht so leicht auseinanderzuhalten. Enziane sind über sämtliche Berge der nördlichen Halbkugel und der südamerikanischen Anden verbreitet. In den Alpen steigen sie bis zu 4200 m und im Himalaja sind sie sogar noch in 5500 m anzutreffen.*

Piz Turba, 3018 m

Im hinteren Avers Hochtal

Das Schöne an diesem wunderbaren Aussichtsgipfel ist, dass man ihn während der ganzen Tour sieht. Spät abends, wenn man noch den letzten Schluck Graubündner Blauburgunder genießt, oder aber morgens um sechs, wenn man mit Genuss den heißen Kaffee trinkt, der einen für die bevorstehende Tour aufmuntert.

Wir sind oben in Juf (2126 m) um 7:00 Uhr aufgestanden und waren dann um 8:00 Uhr auf dem schmalen Feldweg unterwegs, als die Bauern gerade mit Mähen an den steilen Hängen der Alpagada fertig waren. Rechts vom markierten Wanderweg, in einiger Entfernung, plätschert gemütlich der Jufer Rhein talauswärts und wir genießen die würzig kühle Höhenluft. Morgentau und hier und da etwas Raureif liegt auf den saftigen Wiesen. Immer wieder leuchten uns pinkfarbene Schlangenknöterichdolden (Bistorta officinalis) entgegen.

◄ *Das Ortsschild von Juf. Im Hintergrund rechts oben: Piz Forcellina, 2939 m, links, und Piz Turba, 3018 m, rechts.*
► *Die letzten Häuser im Averstal, in Juf.*

Geradeaus, genau über uns, hat die Morgensonne bereits den Piz Turba in warmes Licht getaucht. Bald haben wir Mutt auf 2252 m erreicht. Nun geht es in vielen steilen Kehren gegen die Fuorcla da la Valletta hinauf, bis zu einem Wegweiser auf 2586 Meter. Vorbei an niedrigen Polstern vom Rosa Läusekraut (Pediculris rostrato-spicata), das uns seine vielen Schnäbel entgegenstreckt. Auch der kurzblättrige Enzian (Gentiana brachyphylla), Scheuchzers Glockenblume (Campanula scheuchzeri) und die Berg-Hauswurz (Sempervivum montanum) fühlen sich hier wohl und sind mir eine willkommene Vordergrundkulisse fürs Fotografieren Richtung Piz Turba.

Zeit für einen erfrischenden Schluck aus der Trinkflasche und einen Blick hinunter zum höchsten Dorf Europas, das jetzt gerade die ersten Sonnenstrahlen abbekommt. Zeit aber auch zu einer kurzen Besinnung.

▶ *Schlangenknöterich (Bistorta Officinalis).*
◀ *Am Jufer Rhein entlang Richtung Fuorcolada la Valletta.*

Vor vielleicht 200 Jahren blühte im Avers auch noch die Pferdezucht, das alte Landrecht und andere Urkunden enthalten vielfache Beweise dafür; auch steht im Podestatshaus jetzt noch ein einplätziger Lustfahrtschlitten, der in Form und Größe sehr an die Schlitten der Lappen etc. erinnert. Dazumal ging durchs Avers eben noch eine begangene Route für Gütertransport aus dem Bergell und Engadin ins Schams und Domleschg. Mit der neuen Zeit entstanden die prächtigen Alpenübergänge, das Thal wurde damit abgeschnitten, und der erste Schritt zu seiner Verarmung war gethan. Die Bewohner könnten zwar jetzt noch Pferde züchten, so gut wie die Aelpler im Madris oder im Val die Lei, es geschieht jedoch nicht mehr.

DAS AVERS – LAND UND LEUTE
FR. KÄSER, SAC 1883 – 1884

Historische Aufnahme um 1920. Pferde grasen vor dem langezogenen Bergrücken „Uf da Flue", 2774 m, am rechten Bildrand die Forcellina, Dicziunari Rumantsch Grischun

Kurz vor dem Steiglein zur „Fuorcolada la Valletta" hoch.

Denn der Weg durch das unter uns liegende Tal und steil herauf Richtung Forcellina hat eine ergreifende Geschichte für mich. Wahrscheinlich jahrhundertelang wurde über dieses holprige Steiglein Handel betrieben. Viele Bauern verdienten etwas Geld als Säumer über die Bündner Pässe Flüela, Albula, Julier, Splügen, San Bernardino, Maloja, Lukmanier und Septimer. Zahlreiche Schmugglerwaren wurden zwischen Forcellina und Septimerpass transportiert. Oft hatten die Männer zentnerschwere Rucksäcke oder Kraxen auf dem Rücken. Johann Rudolf Stoffel schreibt 1938 in „Das Hochtal Avers" von bis zu 100 kg, die einzelne Träger über die Forcellina nach Italien getragen haben sollen. Auch im Winter machte man, soweit es ging, einen Weg passierbar. Dann wurden Pferde für den Transport eingesetzt, die auf extra dafür hergerichteten Schlittenbahnen die schweren Lasten über die Pässe zogen.

▲ *Berg-Hauswurz (Sempervivum montanum), im Hintergrund in der ersten Morgensonne der Piz Turba.*

► *Die Forcellina, 2672 m, ein Passübergang mit langer Geschichte. Vor dem Bau der Kantonsstraße von der Abzweigung der Splügenstraße in der „Rofla" nach Avers-Cresta in den Jahren 1890 – 1895 erfolgte die Versorgung mit Lebensmitteln für das Averstal während Jahrhunderten über die Forcellina, den Stallerberg (2581 m) und den Madrisberg (2649 m). Auch das Vieh wurde von den Averser Bauern vor dem Bau der Talstraße über die Forcellina getrieben und auf den oberitalienischen Märkten verkauft.*

Immer noch in Gedanken versunken, verlieren wir nun rechtshaltend wieder etwas an Höhe, durchqueren eine Blockhalde und erreichen schließlich, ansteigend durch ein Schutttälchen, die Passhöhe auf 2672 m.

Von hier könnte man ostwärts in einer halben Stunde zum Septimerpass absteigen. Bivio oder Casaccia wären in 2 ½ Stunden zu erreichen und nach Maloja bräuchte man 3 ¼ Stunden. Wir wenden uns aber Richtung Süden und steigen über ein weitläufiges Schuttkar zum Westgrat hoch.

Man genießt die Natur auf keine andere Weise so schön als beim langsamen, zwecklosen Gehen.

WILHELM VON HUMBOLDT
(1767 – 1835)

Zahlreiche Steinmännchen sind über die fast ebene Hochfläche verstreut, so dass wir uns die schönste Variante aussuchen können. Zwischendrin entdecken wir auch noch einen von Wind und Wetter zerschundenen antiken Wegweiser.

◄ Rosa Läusekraut (Pediculris rostrato-spicata).
► „Prähistorischer" Wegweiser oder ehemalige Grenzmarkierung vor dem scharfgezackten Nordostgrat des Piz Turba.

Verwitterung und Rost haben ganze Arbeit geleistet und die Richtung, die himmelwärts weist, kann uns nur ein Schmunzeln entlocken. Inzwischen ist unser Ziel nämlich in greifbare Nähe gerückt. Am kleinen „Restgletscherchen" vorbei haben wir bald den dunkelfarbenen Geröllhang erreicht, der sich zum Westgrat des Piz Turba hochzieht. Noch 1986 heißt es im DAV-Führer „Graubündner Alpen": „... von der Paßhöhe nach S auf den ungefährlichen Gletscher und auf diesem direkt zum Gipfel." Kinder, wie die Zeit vergeht. 2012 ist davon durch die Klimaerwärmung nur noch ein kleiner Schneefleck übrig geblieben, den man nicht einmal mehr betreten muss. Den steilen Wegspuren folgend steigen wir vorsichtig im losen, feinen Geröll zur Gratkante hinauf. Ein scharfer Wind von Süden empfängt uns oben und wir müssen aufpassen, dass wir auf den letzten luftigen Metern

▶ *Kurzblättriger Enzian (Gentiana brachyphylla).*
◀ *Die letzten Höhenmeter des Westgrates. Der Gipfelsteinmann ist schon in den Wolkenfetzen zu erkennen.*

zum Gipfelsteinmann nicht auf die Nordseite hi-
nuntergeblasen werden.

Wolkenfetzen sind mal hier und mal dort und so
bleibt uns die Sicht Richtung Süden in die Bernina und Westen Richtung Berner Oberland leider
verwehrt. Normalerweise genießt man von dieser Aussichtskanzel hier in 3018 m Höhe ja eine
phänomenale Rundsicht. Bei maximaler Sichtweite könnte man 302 eigenständige
Gipfel von hier aus erkennen. (1)
Darunter natürlich auch zahlreiche
prominente 4000er wie Piz Bernina (gerade mal ca. 20 km entfernt),
Dufourspitze (ca. 140 km entfernt),
Alphubel, Dom, Weissmies, Täsch-
horn, Jungfrau, Mönch und viele
andere. Aber eben alle Richtung
Südwest. Uns pfeift derweil immer noch der Wind
um die Ohren.

Das Glück gehört denen,
die sich selbst genügen.
Denn alle äußeren Quellen des Glückes
und Genusses sind,
ihrer Natur nach,
höchst unsicher,
misslich, vergänglich
und dem Zufall unterworfen.

ARTHUR SCHOPENHAUER
(1788 – 1860)

➤ *Ein Blick zurück während des Aufstieges.*
Die Morgensonne hat gerade erst Juf erreicht. Rechts der
höchste Gipfel: der Mazzaspitz, 3164 m.

Also machen wir uns hurtig ans Gipfelmenü. Zwei Esslöffel Butter in die Pfanne, üppig Zwiebelringe, kleingeschnittener Knoblauch und 2 cm dicke marinierte Steaks dazu und Feuer marsch. Im Outdoorkocher zischt's und brutzelt's. Schnell sind Wind und Aussicht vergessen.

Zum Nachtisch gibt's noch einen pausbackigen Apfel. (2) Den Roten sparen wir uns für ein windgeschütztes Plätzchen an der Forcellina unten auf. Am Grat und in der Steilflanke brauchen wir nochmals einen nüchternen Kopf und schwindelfreien Tritt. Und so findet unsere nachdenkliche Bündner 3000er Tour einen genussvollen Abschluss.

Schon bald nach unserer Gipfeltour auf den Piz Turba sollte unser Freund Edmund im abgeschiedenen Averstal eine außerordentliche Entdeckung machen. Aber davon mehr im nächsten Kapitel.

(1) Laut Gipfelverzeichnis der Schweiz: www.gipfelderschweiz.ch
(2) Auch wenn mein Gedächtnis nicht zu den besten zählt, an den himmlischen Geruch und trefflichen Geschmack der vielen Gipfelmenüs, die ich in den 40 Jahren Bergsteigerleben bisher gekocht habe, kann ich mich noch fast immer erinnern.

◁ *Es ist angerichtet. Das wohlverdiente Gipfelmenü brutzelt im Trangia-Kocher.*

Oh, diese weiten, ruhigen,
unermesslichen Bergtage,
die zugleich zur Arbeit
und zur Rast anregen !
Tage, in deren Licht
alles gleichermaßen göttlich erscheint,
die tausend Fenster öffnen,
um uns Gott zu offenbaren
Niemals wieder,
so müde er auch sein mag,
sollte einer schwach werden,
der den Segen eines Bergtags empfängt;
was ihm sein Schicksal auch bereithält,
langes Leben,
kurzes Leben,
stürmisch oder ruhig,
er ist für immer reich.

JOHN MUIR, 1838 – 1914

▲ *Gipfelrast auf dem Piz Turba*

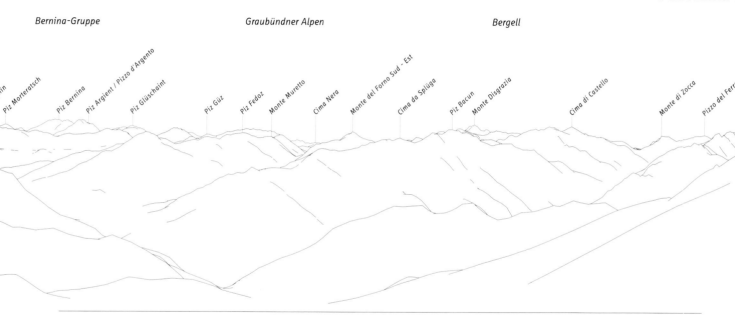

Panorama

Bernina-Gruppe   Graubündner Alpen   Bergell

...hin
Piz Morteratsch
Piz Bernina
Piz Argient / Pizzo d'Argento
Piz Glüschaint
Piz Güz
Piz Fedoz
Monte Muretto
Cima Nera
Monte del Forno Sud - Est
Cima da Splüga
Piz Bacun
Monte Disgrazia
Cima di Castello
Monte di Zocca
Pizzo del Ferro

Normalweg auf den Piz Turba:

Von Juf (2117 m) verläuft der markierte Bergweg am östlichen Ufer des Jufer Rheins bis Mutt (2252 m). Er steigt im Zickzack bis fast zur Fuorcla da la Volleta (2586 m), läuft dann wieder gegen rechts, gelegentlich mit etwas Höhenverlust, und erreicht schließlich durch ein Schutttälchen die Passhöhe Forcellina (2672 m). Von der Forcellina gelangt man über Schuttböden des einstigen Gletschers bis unter den Westgrat. Auf einem Geröllrücken, einer früheren Moräne, gewinnt man auf Wegspuren den Grat selbst und gelangt über ihn in ca. drei Stunden zum Gipfel. Piz Turba Koordinaten: 46°24'37"N 9°36'20"O, CH X / CH Y: 766'605 / 142'180

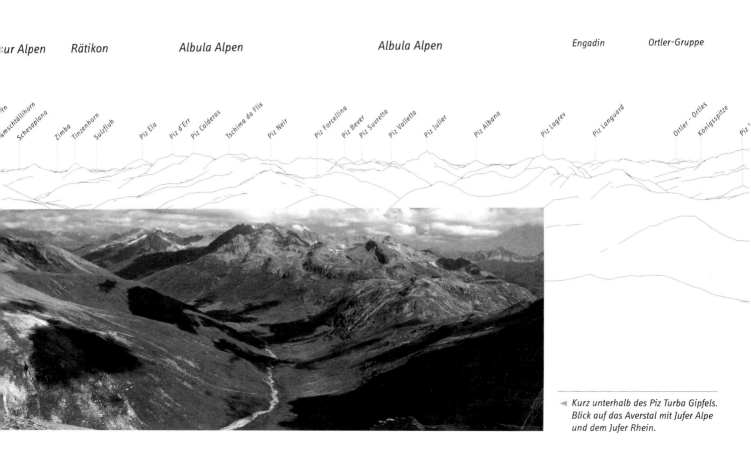

ur Alpen   Rätikon   Albula Alpen   Albula Alpen   Engadin   Ortler-Gruppe

 amschtällihorn · Schesaplana · Zimba · Tinzenhorn · Sulzfluh · Piz Ela · Piz d'Err · Piz Calderas · Tschima da Flix · Piz Neir · Piz Forcellina · Piz Bever · Piz Suvretta · Piz Valletta · Piz Julier · Piz Albana · Piz Lagrev · Piz Languard · Ortler - Ortles · Königsspitze · Piz

◄ *Kurz unterhalb des Piz Turba Gipfels.
Blick auf das Averstal mit Jufer Alpe
und dem Jufer Rhein.*

Nova descritione del dominio de Grigioni con la Valeltina et confini

Neue Beschreibung der Herrschaft Graubünden mit Valtelina und Grenzen

An meinen erlauchten Herrn Francesco Nerli, Botschafter von Mantua in Mailand.

Es wäre zweckmäßig, wenn ich Eurer berühmten Herrlichkeit eine Sache zu Eurem Besitz anbieten würde. Ich muss Euch dieses kleine Geschenk, obwohl es eine fremdartige Sache darstellt, als mein Werk offerieren; man sieht in dieser fremdartigen Sache die Macht der Anderen. In meinem Werk habe ich sogleich Verpflichtung und Hingabe eingegeben, weil ich mir zu Eigen mache, die Dinge anderer in der bestmöglichen Weise darzustellen, um sie Euch anzubieten. Ich mag Eure berühmte Herrlichkeit und zeige dies durch meine kleine Offerte. In den anderen Ländern erkenne ich an der Art der Gravur den Geist des Spenders. In demütigem Gehorsam verbeuge ich mich erfürchtig als Ihr Diener vor Ihnen.

Gegeben zu Milano am 19. August 1621
Ihr ergebenster und verpflichtetster Diener
Giovanni Paolo Bianchi

▶ **Historische Karte des Valtelina von 1621**
Kupferstich, Kantonsbibliothek Chur

▲ **Übersetzung der Bildlegende**

Kartenausschnitt mit Averstal rechts: Rechts unten: San Bernardino, unten Mitte: Chiavenna, Mitte oben Thusis, Mitte rechts oben: Tiefencastel, Mitte rechts Silvaplanasee

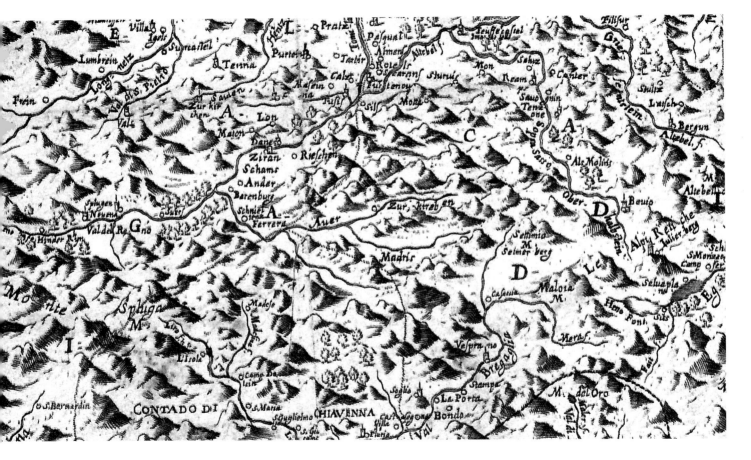

Berner Alpen   Adula-Alpen   Glarner Alpen   Oberhalbsteiner Alpen

Bietschhorn
Basodino
Pizzo Campo Tencia
Aletschhorn
Jungfrau
Finsteraarhorn
Eiger
Schreckhorn
Adula - Rheinwaldhorn
Tscheischhorn
Pizzo Zoccone
Pizzo Tambo
Pizzo della Palü
Surettahorn
Piz Cambrialas
Gross-Schärhorn
Tödi
Bifertenstock
Cufercalhorn
Bruschghorn
Hausstock
Piz Grisch
Gletscherhorn
Jupper Horn
Piz Platta
Piz Forbesch
Piz Arblat

► Auf dem Westgrat. Links:
Grauhörner, 3012 m, und
Wengahorn, 2849 m.

Turba, 3018 m

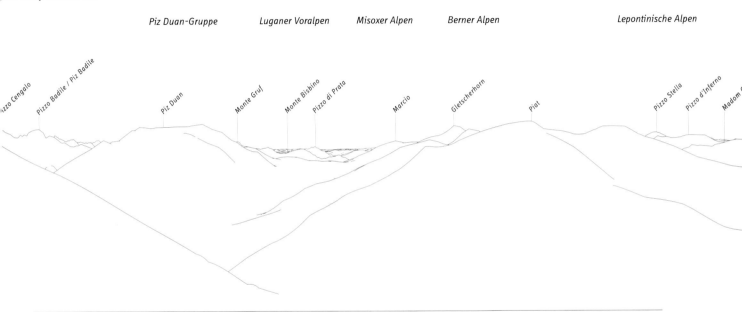

Piz Duan-Gruppe   Luganer Voralpen   Misoxer Alpen   Berner Alpen   Lepontinische Alpen

Pizzo Cengalo · Pizzo Badile / Piz Badile · Piz Duan · Monte Gruf · Monte Bisbino · Pizzo di Prata · Marcio · Gletscherhorn · Piat · Pizzo Stella · Pizzo d'Inferno · Madom G

▲ *360° Panorama vom Piz Turba Gipfelsteinmann*
Bei maximaler Sichtweite (ca. 100 km – Nordwind, Föhn) sind von hier aus 412 Gipfel erkennbar, davon 161 über 2000 m, 237 über 3000 m und 14 über 4000m.
Quellen: www.gipfelderschweiz.ch, www.romankoch.ch/gipfel, www.alpen-panoramen.de. Das Panorama wurde mit der Software „peakfinder" erstellt und
für den Druck per Photomontage leicht überhöht überarbeitet und optimiert. „peakfinder" gibt es als Programm-App fürs Smartphone.
„peakfinder" von Fabio Soldati erlaubt das Betrachten von 360° Panoramen von 20 000 Gipfeln der Alpen, und das im Umkreis von 250 km.
www.peakfinder.org, Originaldaten: jpl.nasa.gov

56 | 57

Die Lärche aus dem Avers Hochtal

Eine Baumscheibe erzählt

„Das Avers ist ein abgelegener Erdenwinkel, ein einsames Hochthal, auf drei Seiten von gegen 3000 Meter hohen Felsmauern umschlossen, von der vierten nur auf rauhem Pfade zugänglich." So beschreibt Adolf Wäber 1879 im Jahrbuch des Schweizer Alpenvereins ein einsames Bündner Hochtal.

Dessen Besiedlungsgeschichte reicht vermutlich bis ins Jahr 1292 zurück. Ab diesem Zeitpunkt können Walserfamilien nachgewiesen werden, die im Gebiet von Juf Viehwirtschaft betrieben haben – und das in rekordverdächtiger Höhe. Der kleine Weiler Juf beansprucht für sich den Titel „höchstgelegene ganzjährig bewohnte Siedlung Europas". Ungefähr auf halber Höhe zwischen Ausserferrera und Juf, also den niedrigsten und höchsten Ansiedlungen von Val Ferrera und dem Avers Hochtal,

... ein stilles, wenig besuchtes Wiesenthal, ziemlich einförmig, im obern Teile baumlos, ohne Feldbau, aber mit üppigem Graswuchs, reich an Gemsen, Murmeltieren, Schnee- und Steinhühnern, hier und da auch von Bären heimgesucht.
ÜBERS AVERS, AUS BROCKHAUS, 1894

in der Nähe von Cröt liegt die Waldgrenze bei ca. 2150 Meter (Baumgrenze bei ca. 2250 Meter). Und hier, genaugenommen ca. 350 Höhenmeter tiefer im Letziwald bei Cresta, beginnt folgende Geschichte.

An einem sonnigen Tag im Spätherbst wandert mein Freund Edmund auf der alten Averser Straße Richtung Juf. Hinter der Letzibrücke taucht die inzwischen als historischer Verkehrsweg renovierte alte Landstraße wieder in den Wald ein. Edmund, Naturliebhaber und passionierter Fotograf, genießt die angenehm kühle Oktoberluft und hält nach Herbstmotiven Ausschau. Doch plötzlich richtet sich sein Augenmerk auf einen mächtigen Baumstamm, der am Wegrand liegt. Die im Sturm gefallene Lärche fasziniert Edmund auf Anhieb. Die vielen feingliedrigen Jahresringe und der beachtliche Stammdurchmesser lassen auf ein ungewöhnlich hohes Alter schließen.

Zur Schreibweise „Letziwald": Die schweizerische Landestopografie bezeichnet seit einiger Zeit Lokalorte und sogar Dörfer in den Mundartformen und stiftet damit einige Verwirrung. So wurde aus Letziwald, Letzihöhe oder Letzibrücke schließlich Leziwald und Lezihöhe und Lezibrücke.

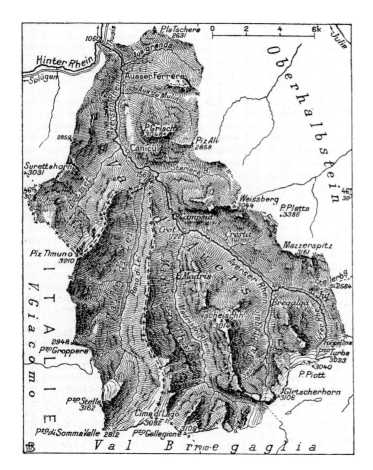

Das schöne Averstal

Oben im Gebiet des Rheines
liegt das stille Averstal.
Schöneres gibt es wahrlich keines
s'ist mein liebes Heimattal.
O schönes Tal mein Heimattal
sei mir gegrüsst viel tausent mal.

Auf der Alp bin ich geboren,
wo die schönen Blumen blühn,
Auf der Alp will ich auch wohnen
wo die Alpenrosen glühn.
O schönes Tal mein Heimattal
sei mir gegrüsst viel tausend mal.

Auf den schönen Bergeshöhen,
da erschallt manch frohes Lied
Wo die Lüfte rein noch wehen,
da lebt man ein froh Gemüt.
O schönes Tal mein Averstal
sei mir gegrüsst viel tausend mal.

◄ „Das Averserthal", Karte aus: Geographisches Lexikon der Schweiz, 1902, eLexikon, Peter Hug.
▲ Gedicht übers schöne Averstal, von Bartholome Heinz um 1914 verfasst und von Ida Bleuer-Klucker aufgeschrieben.
► Blick talauswärts. Links: Capetta- und Letziwald.

Eine Scheibe von diesem Stamm, die könnte was erzählen. Ring für Ring, Jahr für Jahr. Edmund ist ein besonderer Kauz. Kurzerhand befestigt er einen Zettel mit seiner Telefonnummer und der Bitte, man möge ihn doch anrufen, wenn er eine Baumscheibe bekommen könnte. Der Waldarbeiter, der die Tage darauf das Zettelchen gelesen hat, war wahrscheinlich ebenfalls ein besonderer Mensch. Manch ein anderer hätte den Papierfetzen wahrscheinlich einfach weggeworfen. Doch ein paar Tage später bekommt Edmund tatsächlich einen Anruf aus der Schweiz, er möge doch die vom Baumstamm abgesägte Scheibe abholen. Und so macht sich Edmund wieder auf den 250 km langen Weg ins Averstal und bringt die imposante Baumscheibe nach Hause. Es vergehen nun wieder über drei Jahre, bis ich in einem Gespräch mit ihm auf die Rarität aufmerksam werde. Ich war sofort elektrisiert, als ich die Scheibe zum ersten Mal sah. Als mir Edmund dann erzählte, er habe über 600 Jahresringe gezählt, wusste ich, dass ich der Sache auf den Grund gehen würde. Edmund ließ die ca. 15 cm dicke Scheibe auf mein Bitten hin sogar noch halbieren und so hatte ich schließlich ebenfalls ein eigenes Exemplar. Meine Recherchen zur Geschichte des Baumes und seiner Zeit konnten beginnen.

Erste Versuche, das exakte Alter der Lärche zu bestimmen, gestalteten sich zunächst schwierig. Selbst mit einer starken Lupe konnte ich die feinen Jahresringe direkt unter der Borke kaum

Erst im Wald
kam alles zur Ruhe in mir,
meine Seele wurde ausgeglichen
und voller Macht.
KNUT HAMSUN (1859 – 195

◀ *Die Baumscheibe, wie ich sie zum ersten Mal sah.*

▲ *Stich vom Val Ferrera „Eduard Pingret/Noel vor 1826". Rätisches Museum Chur.*

mehr auseinanderhalten, geschweige denn zählen. Also besorgte ich mir von einem Freund ein Stereoaufsichtsmikroskop. Unter 40facher Vergrößerung kam ich durch mehrmaliges Zählen der Jahresringe auf 633 Jahre, aber stimmte das? Lärchen können bei Schädlingsbefall (Lärchenwickler) oder bestimmten klimatischen Ausnahmesituationen Jahresringe ganz schwach ausbilden oder aber sie fehlen komplett. Meine weiteren Nachforschungen führten mich schließlich zum Labor für Dendrogeomorphologie am Institut für Geologie der Universität Bern. Dort wurde anhand einer hochaufgelösten Makroaufnahme und vor allem durch einen Abgleich der Jahrringbreiten mit der Lärchen-Referenzchronologie fürs Bündnerland das Alter auf exakt 632 Jahre bestimmt. 632 Jahre also, eine gewaltige Lebensgeschichte. Bei uns fangen Leute ja

gern mit 18 Jahren an, ihre Biografie zu schreiben. Was kann da erst diese Lärche aus dem Averstal erzählen? Für mich faszinierend und interessant ist vor allem der große Zeitraum, den uns die Zählung aufzeigt. Liegen doch sieben Jahrhunderte Weltgeschichte vor mir unter dem Mikroskop.

Und so versuche ich nun die Geschehnisse während der Lebenszeit des Baumes nachzuzeichnen. Es muss um das Jahr 1376 gewesen sein, als auf 1800 Metern Höhe ein kleiner Lärchensämling keimte und Wurzeln schlug.

Die ersten Jahre wuchs das Bäumchen sehr schnell. Lärchen gehören zu den rascheswüchsigen Bäumen, wobei der Zuwachs aber schon nach ca. 25 Jahren wieder abnimmt. Sehr schnell, das heißt in dieser alpinen Höhe und unter diesen rauen Bedingungen allerdings erbärmliche 13 Zentimeter Stammdurchmesser und gerade mal fünf Meter Höhe in 25 Jahren (1).

Die relative Unberührtheit der Thäler des Avers in Folge hoher Lage und der erschwerten Zugänglichkeit derselben von außen her, haben dem Bestände eigenartiger Formen ohne Zweifel wirksamen Schutz gewährt.

DIE FLORA DES AVERS (1884)

(1) Durchmesser des 25-jährigen Baumes (Jahresringe) an der Baumscheibe gemessen. Höhe berechnet aus Vergleichsdaten, Quelle: Fr. Käser, (Section Uto), Die Flora des Avers, SAC Jahrbuch 1884.

▲ *Blick von der Alpe Platta, ca. 2200 m ins Avers-Obertal, im Vordergrund Cresta, ca. 1920, Dicziunari Rumantsch Grischun.*

▲ *Auf der alten Averserstraße, nach dem Tunnel Valle di Lei, ca. 1920, Dicziunari Rumantsch Grischun.*

Gute Witterungsbedingungen mussten damals geherrscht haben, das zeigen die breiten und gleichmäßigen Jahresringe mit dichtem Spätholz auf der vor mir liegenden Baumscheibe (siehe Abb.). Es folgen engere Jahresringe, die auf anderes Klima oder ungünstige Wachstumsbedingungen schließen lassen.

Unsere Lärche stand aber nicht einfach nur da am Rande des Letziwaldes und wuchs Jahr für Jahr ein paar Zentimeter. Mit ihren gut sichtbaren Jahresringen konservierte sie auch ihrem Alter entsprechende 632 Jahre Zeitgeschehen. Sie erlebte die Anfänge des Buchdrucks, als die meisten Menschen noch nicht lesen und schreiben konnten, bis hin zur Gegenwart, wo Schüler inzwischen ebenfalls nicht mehr richtig lesen und schreiben können und mit digitalen Medien wie E-Book und Internet schon wieder das Ende des Gutenberg-Zeitalters eingeläutet wird.

Im Zentrum der Baumscheibe beginnend, befinden wir uns im Jahr 1376 am Übergang von einer mittelalterlichen Wärmephase zu einer kleinen Eiszeit mit vielen Pestepidemien in Europa. Es folgt das 15. Jahrhundert, die Epoche des Humanismus und der Renaissance. Man könnte jetzt die Jahresringe finden, während derer Albrecht Dürer, Leonardo Da Vinci, Martin Luther oder Michelangelo gelebt haben. Hier müsste auch das Jahr 1517 konserviert sein, als Martin Luther wohl seine 95 Thesen an die Tür der Schlosskirche zu Wittenberg nagelte und damit die Reformation auslöste. Daran schließen die Jahresringe des 16. Jahrhunderts an. Anfangs der Neuzeit entwickelten sich Kunst, Medizin und andere Wissenschaften.

Vor einigen hundert Jahren stand selbst hinter Juf, aus vorhandenen Wurzelstöcken im Sümpfchen hinter jenem Ort zu schließen, noch Wald, und die Sage berichtet sogar von Beständen bis oben auf die Höhe des Stallerberges. Jetzt sind diese nicht nur ganz auf die linke Thalseite gedrängt, sondern auch bis auf die Höhe von Pürt reducirt, und auch dieser Rest schmilzt unter dem Zahn der Zeit und der Axt immer mehr zusammen ...

DIE FLORA DES AVERS (1884)

Im 17. Jahrhundert, dem Zeitalter des Absolutismus, wurden allein in Europa 22 Kriege geführt und die Spannungen erreichten schließlich im 30-jährigen Krieg ihren Höhepunkt. Hochwasser, Dürrejahre und verheerende Lawinenwinter wechselten einander ab, das zeigen historische Klimaaufzeichnungen aus dem Zeitraum. In diesen 30 Jahren hat der Durchmesser unserer Lärche gerade mal um zwei Zentimeter zugenommen. Es ist aber auch das Zeitalter des Barock. Graubündner Baumeister und Stuckateure wie etwa Gabriel de Gabrieli (1671 – 1747) werden über die Schweiz hinaus bekannt und erbauen Kirchen, Schlösser und Paläste im Stile des Barock und Rokoko. Es erscheint das 18. Jahrhundert vor dem Okular. Die Jahresringe sind mit dem bloßen Auge nicht mehr auseinanderzuhalten.

Der Wald ist ein besonderes Wesen, von unbeschränkter Güte und Zuneigung, das keine Forderungen stellt und großzügig die Erzeugnisse seines Lebenswerks weitergibt; allen Geschöpfen bietet er Schutz und spendet Schatten selbst dem Holzfäller, der ihn zerstört.

SIDDHARTHA GAUTAMA BUDDHA (560 – 480 V. CHR.)

Wir befinden uns nun im Zeitalter der Aufklärung und der Moderne. Voltaire, Rousseau in Frankreich, Lessing und Kant in Deutschland betreten die Bühne und beeinflussen mit ihren Werken große Bevölkerungsschichten. Sie stellen den Menschen und seine Verantwortung in den Mittelpunkt und legen mit ihrer Geisteshaltung die Grundlagen der modernen Wissenschaften. In den weiteren Jahresringen finden wir die kulturgeschichtliche Epoche der Romantik und eine Großzahl von Literaten wie Brentano oder Eichendorff erleben ihre Blütezeit. Sechs Zentimeter unter der Borke beginnt das 19. Jahrhundert, das Zeitalter der Industrialisierung und des Imperialismus. In den haarfeinen Jahresringen sind die Geburtsstunden neuer Verkehrsmittel wie Eisenbahn und Dampfschifffahrt festgehalten. Auch die Entstehung neuer Kommunikationsmittel wie die der Telegrafie finden wir in diesem Zeitraum.

▲ Die alte Averserstraße heute. Als stiller Beobachter am Wegesrand hat unsere über 600-jährige Lärche viel zu berichten.

▲ Blick vom Letziwald (Avers-Cröt) gegen Cresta, 1922, im Vordergrund die alte Averserstraße, Fotobestand Meisser, Staatsarchiv Graubünden.

Irgendwo in den nachfolgenden Jahresringen verbirgt sich das 20. und 21. Jahrhundert. In gerade mal drei Zentimetern am Borkenrand verstecken sich Industrie-, Atom- und Informationszeitalter. Zwischen den engsten Jahresringen am Rande der Baumscheibe finden wir schließlich die zwei Weltkriege und die Atombombenabwürfe.

In der heutigen Zeit, wo uns ein kleines internetfähiges Handy eine überwältigende Daten- und Informationsflut beschert, scheint ein Rückblick auf diese gewaltige Zeitspanne kein Problem. Aber in den Weiten des Internets finden wir nur „Eckdaten" wie Lebensspannen wichtiger Persönlichkeiten, Informationen zu Politik und Weltgeschehen oder außergewöhnliche Naturereignisse. Dort kommt man nur über Umwege zu Hintergrundinformationen. Dass z.B. die Menschen, die zur Anfangszeit der „kleinen Lärche" lebten, größtenteils noch glaubten, die Erde sei eine Scheibe und das Zentrum des Sonnensystems. (2) Wer damals anderes behauptete, lief Gefahr, auf dem Scheiterhaufen verbrannt zu werden. Die Kirche bestimmte den Lebenslauf und richtete die Ungläubigen. So erlebte unsere Lärche auch das Foltern und Verbrennen von Frauen im weltabgewandten Avers Hochtal. Ein paar hundert Meter von ihrem Standpunkt entfernt liegt der „Galgaboda", eine Waldlichtung, wo sich bis Mitte des 17. Jahrhunderts die Richtstätte mit Galgen und Scheiterhaufen befand und Hexen verbrannt wurden. Lange bevor man den Gerichtssaal kannte, tagte damals das Gericht unter Bäumen, oft den Dorf- oder Gerichtslinden. So konnten die Todesurteile auch gleich an den Ästen der Bäume vollstreckt werden.

Glücklich der Mensch, der Bäume liebt,
besonders die großen, freien, die wild wachsen,
und die unabhängig geblieben sind
von der Fürsorge der Menschen.
Alles Lebendige reagiert auf Sympathie und Antipathie.
Glücklich, wer eine lebendig starke und ernste Liebe
zu den wilden Bäumen und Vögeln und Tieren faßt.
PRENTICE MULFORD (1834 – 1891)

---

(2) Zum Weltbild der Menschen im Mittelalter siehe auch Seite 78.

In höheren Lagen übernahm dann häufig die Lärche die Funktion der Gerichtslinde.

Die Jahresringe, die ureigene Biografie unserer Lärche, erinnern uns aber auch an anderes. Denn während der Baum bis zu seinem hohen Greisenalter wuchs (Lärchen werden ca. 50 m hoch und 600 bis 800 Jahre alt, forstwirtschaftliche Umtriebszeit sind 100 bis 140 Jahre), erlebte die Menschheit parallel dazu weitreichende Umwälzungen und Weiterentwicklungen. Allein die technische Revolution im ausgehenden 18. und 19. Jahrhundert und der damit verbundene Übergang von der Agrar- zur Industriegesellschaft veränderten die Lebensbedingungen der Menschen grundlegend. Und das in immer stärker beschleunigtem Tempo. Plötzlich explodierte alles, vergleichbar mit dem Computer- oder Informationszeitalter.

Habt Ehrfurcht vor dem Baum.
Er ist ein einziges grosses Wunder,
und euren Vorfahren war er heilig.
Die Feindschaft gegen den Baum ist ein
Zeichen der Minderwertigkeit eines Volkes
und von niederer Gesinnung des einzelnen.
ALEXANDER FREIHERR
VON HUMBOLDT (1769 – 1859)

Aus eigener Erfahrung wissen wir ja, wie schnelllebig unsere letzten 20 Jahre verliefen. Schaut man sich diese Zeiträume aber auf der Baumscheibe an, so stellt man fest, dass sie gerade mal ein Drittel des Gesamtalters des Baumes ausmachen.

Wie viel Stürme und Gewitter hat unsere Lärche wohl erlebt? Wie viel Schneelast und Lawinen waren zu überstehen? Als tiefwurzelnde Baumart – das Herzwurzelsystem der Lärche kann bis zu 5 m in Steinklüfte eindringen – besitzt sie allerdings eine hohe Standfestigkeit gegen Sturm und kann sich besser an Steilhängen halten als immergrüne Fichten oder Zirbelkiefern (Arven, lat. Pinus cembra). Diese bieten den Lawinendruckwellen nämlich eine bedeutend größere Angriffsfläche. Lärchenjungpflanzen können sich nach Lawinenniedergängen sogar wieder aufrichten. Doch auch unsere Lärche musste brachiale Stürme und Steinschlag verkraften.

▲ *Im Capettawald, ca. 1920, früher hatte man hier im Sommer die Heimkühe, Dicziunari Rumantsch Grischun.*

▲ *Blick aus dem Capettawald nach Cresta, ca. 1920. In der Bildmitte die evangelisch-reformierte Kirche Avers-Cresta aus dem aus-gehenden 13. Jahrhundert. Die unter dem Denkmalschutz des Kantons Graubünden stehende Kirche erfüllte jahrhundertelang die Funktion als Haupt- und Taufkirche. Dicziunari Rumantsch Grischun.*

Auf der Bergseite, dort wo die Jahresringe infolge der Hanglage enger stehen, finden wir eine tiefe, aber verheilte Verletzung. Diese könnte durch Steinschlag oder einen abgebrochenen Ast entstanden sein. Auf der gegenüberliegenden Seite der Baumscheibe, also der Talseite, sind die Jahresringe sichtbar breiter. Die Dendrologen sprechen hier von Druck- oder Reaktionsholz, da diese Jahresringe den Baum von unten wieder in seine vertikale Position „drücken".

Eigentlich waren es für den Baum über 600 Jahre Kampf gegen die Naturgewalten. Hermann Hesse schreibt 1919 in der „Norddeutschen Allgemeinen Zeitung" über Bäume: „... in den Jahresringen und Verwachsungen steht aller Kampf, alles Leid, alle Krankheit, alles Glück und Gedeihen treu geschrieben, schmale und üppige Jahre, überstandene Angriffe, überdauerte Stürme. Und jeder Bauernjunge weiß, dass das härteste und edelste Holz die engsten Ringe hat, dass hoch auf den Bergen und in immerwährender Gefahr die unzerstörbarsten, kraftvollsten, vorbildlichsten Stämme wachsen."

Von dort aus, wo unsere Lärche gewachsen ist, sieht man auf die alte Averser Straße. Einst ein schmaler und gefährlicher Saumweg, der sich vom Ferreratal zum Aversertal hinaufschlängelte, ungeübten Fußgängern Schwierigkeiten bereitete und mit Wagen absolut nicht befahrbar war. Adolf Wäber dazu im Jahrbuch des S.A.C. 1879: „Der Weg ist so rauh, dass die Avner schwere Gegenstände lieber über den 2584 m hohen Stallerberg in ihre Dörfer tragen, als auf dem Thalwege." Erst 1961 wurde auf der gegenüberliegenden Talseite, oberhalb der Schlucht mit dem Averser Rhein, im Rahmen des Staudammbaus eine asphaltierte Fahrstraße angelegt.

Mit Bäumen kann man wie mit Brüdern reden und tauscht bei ihnen seine Seele um.
Die Wälder schweigen; doch sie sind nicht stumm und wer auch kommen mag, sie trösten jeden.
ERICH KÄSTNER (1899 – 1974)

Auf unserer Baumscheibe finden wir dieses Jahr ca. 10 mm unter der Borke (bei ca. 850 mm Durchmesser des Baumes). Und so langsam bekommen wir ein Gespür für das mächtige Alter dieses Baumveteranen. Rechnet man mit einer menschlichen Generationsdauer von 30 Jahren, so hat unsere Lärche also über 20 Generationen „auf dem Buckel". Im Vergleich mit der Lebensspanne eines Menschen ein wahres Methusalemalter.

Am 11. April 2000 gründeten Bruno Loi, damals Gemeindepräsident von Avers, der im Avers aufgewachsene Bauunternehmer Valentin Luzi und der damalige Kreisforstingenieur Oskar Hugentobler den Verein „alte Averserstraße". Sie setzten sich zum Ziel, die Reste der historischen Straßen und Wege zwischen der Roflaschlucht und Avers zu sichern und sie vor dem endgültigen Verfall zu retten. Mit Hilfe der betroffenen Gemeinden, der Eidgenossenschaft, des Kantons Graubünden und verschiedener Institutionen gelang es, einen großen Teil der am meisten bedrohten Wegteile zu reparieren und den Wanderern als attraktive Wanderroute anzubieten.

Aus: „Die alte Averserstraße zwischen Roflaschlucht und Juf" Oskar Hugentobler, Aktuar des Vereins alte Averserstraße. www.aast.ch

▲ *Auf der alten Averserstraße nach dem Tunnel Valle di Lei, ca. 1920, Dicziunari Rumantsch Grischun.*
◄ *Die alte Averserstraße unterhalb Cresta, ca. 1920, Dicziunari Rumantsch Grischun.*

Das Weltbild der Menschen im Mittelalter

Ca. 20 Kilometer vom Standpunkt unserer Lärche entfernt, am Ausgang der Viamala-Schlucht, liegt der Ort Zillis. Am Dorfrand steht die romanische, inzwischen in die edle Gesellschaft der berühmtesten Baudenkmäler der Schweiz aufgenommene Kirche St. Martin. Das von außen eher unscheinbare Gotteshaus aus dem 12. Jahrhundert ist wegen seiner aus 153 Holztafeln bestehenden Bilderdecke bekannt. Die Randtafeln zeigen maritime Motive wie skurrile Meeresmonster, Fabelwesen und Drachen. Die Innentafeln zeigen die Lebensgeschichte Jesu und die Legende des heiligen Martin. Das Besondere an dieser bemalten und gut erhaltenen Holzdecke ist nun die Ähnlichkeit mit Weltkarten aus jener Zeit, die die Erde als eine runde oder ovale, vom bedrohlichen Urmeer umgebene flache Scheibe zeigen, über die sich halbkugelförmig der Himmel wölbt.

▲ *Um das Jahr 1200 errichtet und die älteste reformierte Kirche in Avers-Cresta. Im Vordergrund die alte Averserstraße. Um 1940, Dicziunari Rumantsch Grischun.*

▲ Ca. 1100 bemalt und weltweit einzigartig: Die aus 153 Tafeln
bestehende Bilderdecke in der Kirche St. Martin in Zillis ist
weltweit die einzige, die nahezu vollständig erhalten ist.
◄ Die Ansicht gegen Westen.

Die Bilderdecke von St. Martin in Zillis

Die Angst vor den Mächten der Finsternis, vor Krankheit und Tod usw. war im Mittelalter und vor allem in den unzugänglichen Bergen Graubündens stark ausgeprägt. So galten auch die gefährlichen Säumerwege durch die schwer zugänglichen Schluchten wie die Via Mala und Rofla oder der schmale und gefährliche Pfad hinauf ins Averstal als besonders gefürchtete Routen für Mensch und Tier. Via Mala bedeutet aus dem Lateinischen übersetzt „schlechter oder schlimmer Weg". Die schroffen Felsen und das tosende Wasser galten vielen Menschen als Hort des Bösen – hier mussten feindselige und diabolische Mächte hausen.

Die Tiefe des Meeres wird von Teufelsmächten beherrscht und ist der Sitz des Infernums.
HILARUS V. POITIERS (315 – 367)

Für das leseunkundige Volk des christlichen Mittelalters waren die allesamt beißend, fressend und verschlingend abgebildeten Meeresmonster die Boten der Apokalypse.

In den vier Eckfeldern stehen die Engel als Personifikation der vier Hauptwinde und Verkünder des Jüngsten Gerichts. Leider sind nur noch Aquilo „Nordwind" und Auster „Südwind" im Original erhalten.

▲ ► *Zwei der ca. 90 cm breiten äußeren Holztafeln. Oben: mit Urmeer – mit stilisierten Wellenlinien erkennbar gemacht – und maritimem Meeresmonster als Sinnbildern des Bösen. Rechts: Engel als Südwind. Der Sciroccowind bringt dichte Wolkendecken, Nebel oder feuchte Hitze in die Täler Graubündens.*

Frühe Karten

Isidor von Sevilla (560 – 636), Kirchenlehrer und Erzbischof, sammelte das im Westen des Mittelmeerraums um 600 noch vorhandene Wissen der Antike in seiner Enzyklopädie „Etymologiarum sive originum libri XX". Seine kosmographischen Ausführungen übten einen nachhaltigen Einfluss auf die mittelalterliche Kartographie aus. Den geographischen Angaben stehen Ausführungen über die Kreisförmigkeit der Erde und deren T-förmige Einteilung voran. Unter Experten sind diese Aussagen jedoch teilweise umstritten: Die einen meinen, er habe die Erde für eine Scheibe gehalten, die anderen halten dagegen, dass er mit dem „Kreisförmigen" nur den bewohnten Teil der Erde gemeint habe. Isidor von Sevilla beschreibt die Karte wie folgt: „Der Erdkreis wird nach der Rundheit des Kreises benannt […] Darum wandelt der diesen umfließende Ozean in Grenzen eines Kreises.

Er wiederum ist dreifach geteilt: Von denen der eine Teil Asien, der andere Europa, der dritte Afrika genannt wird."
Etymologiae Kap. 14 de terra et partibus

▲ Die Erde T-förmig in die drei bewohnten Kontinente Asien, Europa und Afrika aufgeteilt und durch Hauptgewässer wie das Mittelmeer und den Ozean voneinander geschieden bzw. umgeben. Jenseits der bekannten Teile der Kontinente befindet sich, wie in Zillis durch die Fabelwesen dargestellt, der vierte Kontinent, die „terra incognita", die unbekannte Welt.
Karte der westlichen Halbkugel von Isidor von Sevilla, Druck von Günther Zainer, 1472, aus dem Etymologiarum „The University of Texas at Arlington Libraries".

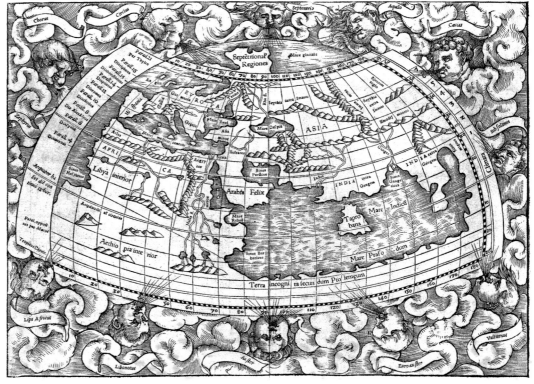

TYPVS ORBIS A PTOL· DESCRIPTVS

„Ptolemaisch General Tafel
begreifend die
halbe Kugel der Welde"

SEBASTIAN MÜNSTER
(1488 – 1552)

Kosmograph und Humanist, übersetzte
die Werke von Claudius Ptolemäus

Obwohl antike Denker wie Erathostenes
(275 – 214 v. Chr.) und Strabon (63 v.
Chr. – 20 n. Chr.) die Kugelgestalt der
Erde bereits früh erkannten, wurden diese
Erkenntnisse von der Kirche im Mittelalter
ignoriert bzw. durch den Bischof Isidor v.
Sevilla (560 – 636) in seiner Kosmografie
„De natura rerum", in der die Erde als
Scheibe dargestellt wird, wieder revidiert.
Im Mittelalter glaubten viele Christen auch
an eine scheibenförmige Erde, weil in der
Heiligen Schrift von den „vier Enden der
Welt" die Rede ist. Bereits 1477 hatte
jedoch Donnus Nicolaus Germanus für
Papst Sixtus IV. den ersten belegten Erd-
globus der Neuzeit angefertigt. Die Globen
wurden meist in lateinischer Sprache
beschriftet, der Sprache der Wissenschaft
zu jener Zeit, und waren in der Regel der
Allgemeinheit nicht zugänglich.

Bis ins späte Mittelalter glaubten die Menschen noch an das ungefähr 1500 Jahre alte Weltbild des Griechen Ptolemäus, nach dem die Erde den Mittelpunkt des Universums darstellte und alle anderen Planeten um sie kreisten. Claudius Ptolemäus, Astronom und Geograph, entwarf dem damaligen Wissensstand entsprechende Weltkarten mit Ortsangaben in Längen- und Breitengraden. Karten dienten damals allerdings so gut wie nie der Praxis und kannten keine Vermessung. Sie sollten nicht Erdabbild, sondern Weltbild sein. Um 1500 begründete der Arzt und Astronom Nikolaus Kopernikus ein neues Weltbild und ersetzte das geozentrische (die Erde steht im Mittelpunkt) durch das heliozentrische Weltbild (die Erde dreht sich um die eigene Achse und dreht sich wie die anderen Planeten um die Sonne). Der Astronom, Mathematiker und Physiker Galileo Galilei (1564 – 1642) knüpfte an die Forschungen von Kopernikus an und lieferte der Welt durch seine Teleskopbeobachtungen schließlich Beweise für die Bahnbewegungen der Erde. Seine Entdeckungen wurden allerdings als „absurd" und „irrgläubig" bezeichnet und galten als Gotteslästerung. Galilei wurde gezwungen, seiner Überzeugung abzuschwören, und lebenslang unter Arrest gestellt. Erst im Jahr 1992 wurde Galileo Galilei von der römisch-katholischen Kirche formal rehabilitiert.

Giordano Bruno (1548 – 1600), Priester und Astronom, wurde 1600 auf Geheiß des Papstes verbrannt, weil er verbreitet hatte, die Sterne am Himmel seien Sonnen wie unsere Sonne. Seine Bücher wurden vom Vatikan bis zum Zweiten Vatikanischen Konzil 1966 unter Verschluss gehalten. Eine vollständige Rehabilitierung des Gelehrten durch die katholische Kirche fand nie statt.

◄ *Karte der bekannten Welt nach den Beschreibungen des Ptolemäus aus: Geographia universalis, vetus et nova, complectens Claudii Ptolemaei 1540, Universitätsbibliothek Basel, Sign.: EU I 82.*

▲ ► *Kartenausschnitte: Windbläser am Rand.*

Zuerst müssen wir bemerken, dass die Welt kugelförmig ist, theils weil diese Form, als die vollendete, keiner Fuge bedürftige Ganzheit, die vollkommenste von allen ist, theils weil sie die geräumigste Form bildet, welche am meisten dazu geeignet ist, Alles zu enthalten und zu bewahren.

NICOLAUS KOPERNICUS (1473 – 1543)

Die Weltkarte von Peter Apian aus dem Jahr 1520 zeigt viele aufschlussreiche Details, die für die Seefahrer wichtig waren. Sie war die erste brauchbare Weltkarte, die nahezu die wirkliche Gestalt und Gliederung der Erde einschließlich Amerikas aufzeigte.

► Apians Weltkarte 1520
  Universität Mainz, Martina Pipprich.

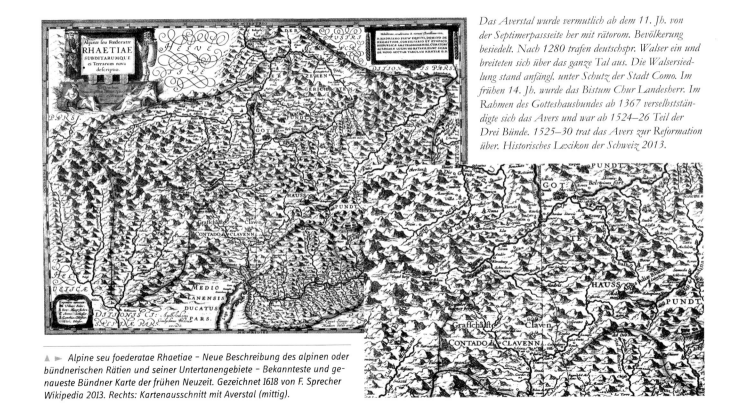

Das Averstal wurde vermutlich ab dem 11. Jh. von der Septimerpassseite her mit rätorom. Bevölkerung besiedelt. Nach 1280 trafen deutschspr. Walser ein und breiteten sich über das ganze Tal aus. Die Walsersiedlung stand anfängl. unter Schutz der Stadt Como. Im frühen 14. Jh. wurde das Bistum Chur Landesherr. Im Rahmen des Gotteshausbundes ab 1367 verselbstständigte sich das Avers und war ab 1524–26 Teil der Drei Bünde. 1525–30 trat das Avers zur Reformation über. *Historisches Lexikon der Schweiz 2013*.

▲ ► *Alpine seu foederatae Rhaetiae – Neue Beschreibung des alpinen oder bündnerischen Rätien und seiner Untertanengebiete – Bekannteste und genaueste Bündner Karte der frühen Neuzeit. Gezeichnet 1618 von F. Sprecher Wikipedia 2013. Rechts: Kartenausschnitt mit Averstal (mittig).*

▲ Zwischen Juppa auf 2004 Meter Höhe und Juf auf 2124 Meter Höhe liegt der Ort Podestatsch Hus mit dem gleichnamigen stattlichen Patrizier- oder Bürgermeisterhaus. Podestà bedeutet auf Italienisch Bürgermeister, potestas kommt aus dem Lateinischen und bedeutet so viel wie „(Amts)Gewalt, Macht" und der hier wohnende Potestat war der gewählte Verwalter oder Gemeindepräsident fürs gesamte Averstal. Aufnahme um 1922, Dicziunari Rumantsch Grischun.

▲ *Der lange Winter kann kommen. Das Fleisch hängt zum Trocknen an den Fenstergittern des Podestatshauses.*

► *Bis 1867 war das Potestatshaus auch Gerichtssitz. Halseisen, mit dem der Delinquent am Pranger angeschlossen wurde. Aufnahme um 1922. Dicziunari Rumantsch Grischun.*

▲ Lateinische Aufschrift an der Vorderfassade des stattlichen Podestatshauses: „Hostibus invitis vivat Strubea propago. Agere et pati fortia Strubeum est, 1664" und auf Deutsch: „Auch wenn es den Gegnern nicht gefällt, die (Familie) Strub soll leben – für die Gemeinde sich einzusetzen und Starkes zu erdulden ist ein Zeichen der Strubs – 1664"
Übersetzung: Geographisches Lexikon der Schweiz, 1902.

▲ Das Podestatshaus heute.
► Meterdicke Mauern und kleine Fenster, die wenig Kälte hereinlassen, aber viel Licht, weil die
Einschnitte ins Mauerwerk trichterförmig verlaufen und sich zu den Scheiben hin verjüngen.

Historische Aufnahmen aus dem Averstal
Aus: SAC Jahrbuch 1879, A. Wäber, Aus dem Avers:

„Im Juli beginnt der Heuet. Zu dieser Zeit bildet das Thal einen wahren Wallfahrtsort für Arbeitsuchende; aus dem Domleschg, dem Bergell, aus Montafun und selbst aus dem Tirol kommen Mähder und Mähderinnen hergepilgert, so daß um diese Zeit über 100 fremde Arbeitskräfte im Thal sind. Bei gutem Wetter dauert die Ernte doch volle sechs Wochen.

Um halb 3 Uhr ziehen die Leute aus und mähen oft bis Abends spät fast ununterbrochen fort.
Für diese strenge Arbeit bekommen die Mähder 2 – 2½ Fr. Lohn per Tag nebst Kost und Logis, Regentage nicht ausgenommen."

Ein Heuschober oder wie man walse-risch im Tal sagt „Berggädemli" in den Heubergen über Cresta. Von hier wird im Winter Heu gezogen, d.h. das im Sommer auf den Bergwiesen gemäh-te und im Berggädemli eingelager-te Heu zu Tal gebracht. Während der Heuernte schläft man im Gädemli, da man es nicht vorzieht, am Abend noch eine Stunde ins Tal hinunterzugehen. Es gibt keine Wohneinrichtung, son-dern nur ein Kochloch neben dem Gä-demli im Freien. Die hintere Türe dient zum Einbringen des Heus, die seitliche zum Herausnehmen, wenn im Winter die „Pünggel" gemacht werden. Die-se Heubündel werden über den Schnee schleifend zu Tal gebracht.
Aufnahme ca. 1935.

▲ Berggädemli über Cresta. Dicziunari Rumantsch Grischun.
◄ "Heuete" (Heuernte) in Juf, ca. 1920, Dicziunari Rumantsch Grischun.

▲ *Ställe mit vorgelagertem Schafmist bei Juf, 1961*
Familienarchiv Oskar Hugentobler, Andeer.
► *Schafmistspalten, Juf ca. 1940. Dicziunari Rumantsch Grischun.*

Aus: SAC Jahrbuch 1879, A. Wäber,
Aus dem Avers:

„Aus manchem Fenster winkt ein reicher Flor blühender Nelken und giebt den geschwärzten Häuserfronten ein freundliches Ansehn.
Aber was sind das für curiose Mauern, die an den Häusern aufgeschichtet sich bis zu den Fenstern hin ziehen? Fast sieht es aus wie Torf, und wie Torf wird es auch verwendet: es ist Dünger, der in dem holzarmen Avers so gut wie in den Steppen Turans und im Nedsched Arabiens als Brennmaterial benutzt wird."

Der Schafmist wird aus dem Schafpferch ("chrumma") im Stall im Frühjahr mühsam herausgeschnitten und zu Ziegeln (Briquets) geschnitten, am Stallrand getrocknet und im nächsten Winter als Heizmaterial für den Stubenofen verwendet.

Juferlied

Leb wohl du trautes Dörfchen
In Alpen Einsamkeit
Lebt wohl ihr stillen Häuser
Ich scheid mit grossem Leid

Rings auf ihr hohen Berge
du heerer Alpenkranz
Ade ihr Gletscher alle
Ich scheid mit grossem Leid
Im strahlen Silberglanz

Bhüt Gott ihr lieben Leute
mit eurem frohen Mut
Lebt wohl und bleibet immer
So heiter und so gut

Ich hatt so frohe Stunden
manch schönen Augenblick
im Alpenheim empfunden
Dank auch für dieses Glück

Und ist es auch entschwunden
Das kurze heitre Glück
Es bleibet doch noch immer
Erinnerung zurück

So lebet wohl ihr alle
Bhüt Gott ich muss jetzt gehn
Doch bleibt es nicht für immer
Es heisst auf Wiedersehn.

BARTHOLOME HEINZ

▲ Auf der alten Averserstraße um 1930. Dicziunari Rumantsch Grischun.

Karten und Literatur:

LK Schweiz, 1:25 000 Blatt 1235 „Andeer"
LK Schweiz, 1:25 000 Blatt 1276 „Val Bregaglia"
LK Schweiz, 1:25 000 Blatt 1236 „Savognin"
LK Schweiz, 1:25 000 Blatt 1256 „Bivio"
LK Schweiz, 1:25 000 Blatt 1255 „Splügenpass"

Hunziker, Manfred, Bündner Alpen - Avers, SAC, 1994
Condrau, Bernard, Graubündener Alpen, Rother, 1986
Schuler, Irene, Walserweg Graubünden, Rotpunktverlag 2010
Donatsch, Peter, Alpinwandern Graubünden, SAC, 2000
Gansner, H.P., Wanderführer Schams-Avers, Andeer, 1999

Hugentobler, Oskar, Die alte Aversstrasse zwischen Rofla-
schlucht und Juf, Andeer, 2012
Hugentobler, Oskar, Der Galgaboda im Letziwald, 1997
Zeitschrift Bündnerwald Nr. 6/97, S.12-15
Stoffel, Joh. Rud., Das Hochtal Avers, Zofingen 1938

Verein alte Averserstrasse, www.aast.ch
Walserweg Graubünden, www.walserweg.ch
hexperimente – die bühne im avers, www.hexperimente.ch
Gemeinde Avers, www.gemeindeavers.ch
Institut dal Dicziunari Rumantsch Grischun, www.drg.ch

Bei Nadelbäumen besteht ein Jahrring aus hellerem Frühholz mit weiten, dünnwandigen Zellen zur Wasserleitung und dunklerem Spätholz mit engen, dickwandigen Zellen, die der Festigung dienen. Zahlreiche Untersuchungen haben nachgewiesen, dass an der oberen Baumgrenze (unsere Lärche befand sich in 1900 m) die Temperaturverhältnisse während der Vegetationsperiode für die Bildung von Holzzellen maßgeblich sind, dass also die Stärke des Temperatursignals mit der Höhe zunimmt. Jahresringe entstehen nur, wenn es bedingt durch die klimatischen Bedingungen zu einer Ruhephase in der Wachstumsschicht des Holzes kommt. Die Auslöser dafür sind, je nach Klimazone, der Eintritt des Winters oder von Trockenzeiten. Die Lärche kann bei ungünstigen Wachstumsbedingungen, aber auch bei einem Befall vom gefräßigen Lärchenwickler, einen ganzen Jahrring ausfallen lassen oder ihn nur teilweise ausbilden.

Für eine Altersbestimmung geeignete Jahrringfolgen, sog. Jahrringmuster, entstehen also nur, wenn der Holzzuwachs weniger von den individuellen Lebensbedingungen eines Baumes als von der Witterung geprägt wird. Die Standort- und Klimaverhältnisse sind so auf einem Stammquerschnitt – wie in einem Archiv – Jahr für Jahr abgespeichert. Die über Jahrzehnte und Jahrhunderte gebildeten Jahrringfolgen gleichzeitig lebender Bäume oder von Bäumen, die in früherer Zeit gleichzeitig gelebt haben, zeigen einen augenfällig ähnlichen Verlauf, nicht nur innerhalb desselben Waldes, sondern auch bei größerer Entfernung der Standorte. So ist beispielsweise der in dem europaweit sehr trockenen Sommer 1976 gebildete Jahrring in nahezu allen Bäumen Mitteleuropas schmal. Für absolute Datierungen heimischer Nadelholzarten (Tanne, Fichte, Lärche, Zirbe, Kiefer) stehen in der Gegenwart beginnende, bis über das 15. Jahrhundert v. Chr. zurückreichende, im Überbrückungsverfahren (siehe Abb.) erstellte Chronologien zur Verfügung.

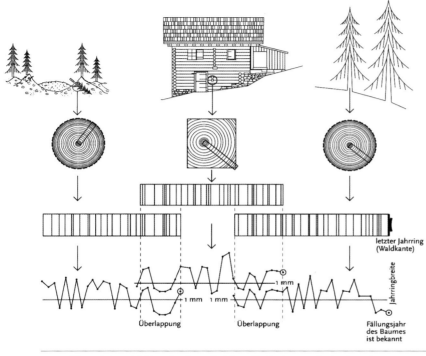

letzter Jahrring
(Waldkante)

Jahrringbreite

1 mm

1 mm   1 mm

Überlappung   Überlappung

Fällungsjahr
des Baumes
ist bekannt

Schematische Darstellung des Überbrückungsverfahrens zum Aufbau langer Jahrringfolgen

Ausgangspunkt für die Altersbestimmung sind die Jahrringfolgen lebender Bäume.
Diese werden mit den Jahrringserien verbauten Holzes bzw. vorgeschichtlicher Holzfunde zunehmenden Alters über die Zeitspanne des gemeinsamen Wachstums verzahnt und darüber hinaus in die Vergangenheit verlängert.
Auf diese Weise entsteht schrittweise ein „endloser Baum".

▲ *Grafik: nach Dr. K. Pfeifer, Labor f. Dendro(chrono)logie, 2013, und Schweingruber, F.H., 1983: Der Jahrring, Bern.*

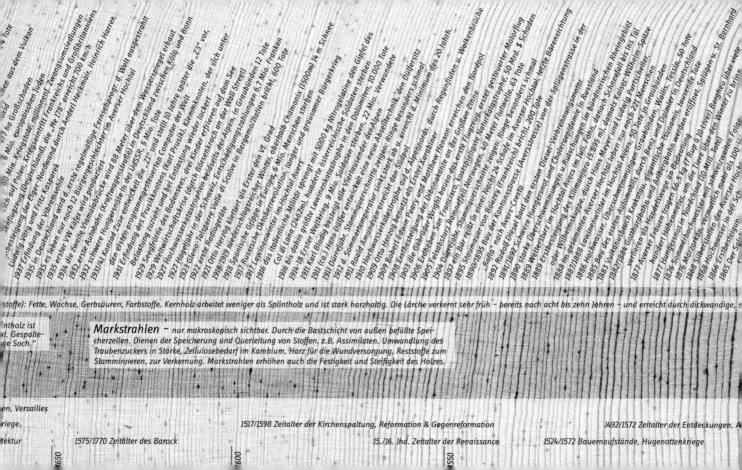

...nen aus dem Vulkan

Tote

...50 Tote

...6 Mio. europäischen luden

...Kriegsstoffe, millionenf. luden

.77 ha Großschaden

...xid

...sch auf Polen; Kriegszeug (Deutschland), die „He 178" erreicht 700 km/h

Luftflugzeug (Deutschland), die „He 178" erreicht 700 km/h

Ludwig Vögt und Fritz Kasparek

1937 Erfindung der Eiger-Nordwand durch Anderl Heckmair, Heinrich Harrer,

1937 in Deutschland wird d. erste regelmäßige Fernsehprogr. d. Welt ausgestrahlt

1935 es leben nun noch d. Vibramsohle

1935 erster VW Käfer wird produziert

1934 die zweite Viamalabrücke wird 88 Meter über dem Wasserspiegel erbaut

1932 erste Autobahn Deutschlands zwischen Köln und Bonn

1931/41 Konrad Zuse entwickelt in Deutschland d. „Z1" und stellt 10 Jahre später die „Z3" vor,

1932 schwere Hungersnöte in der UdSSR; 5 Mio. Tote

den ersten programmgesteuerten Computer der Welt

1931 Hochwasserkatastrophen beidseits der Alpen, in Graubünden 12 Tote

Belastung zurückt (durch Entlastung wieder lockert

1929 Weltwirtschaftskrise (durch Börsenkrach an der Wall Street)

1929 Seegfrörne des Bodensees, drei Kinder erfrieren auf dem See

1927 Hochwasserkatastrophe im Aversertal

1927 Hagelflut in der Schweiz, Entschädigungszahlungen 6,7 Mio. Franken

1923 Gleno-Talsperre Volte di Scalve in Bergamo/Italien bricht, 600 Tote

1922 erste Radiogeräte

1921 Otto Herzog klettert als Erster den VI. Grad

1918/1919 niederschlagsreicher Winter, oberhalb Chamonix (1500m) 14 m Schnee

1917 Spanische Grippe in Europa, 6 Mio. Menschen sterben

1917 Russische Oktoberrevolution, langer und grausamer Bürgerkrieg

1917 Lawinenwinter im Hochtal Avers

1916 das italienische Militär sprengt mit 5000 kg Nitrogelatine den Gipfel des

Col di Lana (2462m), hunderte österreichische Soldaten sterben

1916 bis dahin größte Lawinenkatastrophe in den Dolomiten: 10.000 Tote

1914-18 Erster Weltkrieg: 9 Mio. Soldaten sterben, 22 Mio. Verwundete

1911 Karl Blodig besteigt alle Viertausender der Alpen

1911 (ca.) Hans Dülfer entwickelt eine neue Abseiltechnik; den Dülfersitz

1911 Dürrejahr. Stammquerschnitte zeigen: Ringe besonders schmal

1912 d. Sommertemperatur sinkt stark ab u. erreicht d. Minimum des 20.Jahrh.

1910 Roald Amundsen erreicht den Südpol

1909 Otto Herzog benutzt als Erster Karabiner

1909 Robert Edwin Peary und Matthew Henson erreichen den Nordpol

1903 die Gebrüder Wright bauen das erste Flugzeug, erster gesteuerter Motorflug

1906 Erstbesteigung der Dibonakante an der Großen Zinne

1905 Felsabsturz Son Francisco; Kostspieligste Naturkatastrophe, 50 Mrd. $ Schaden

1904 Dürrejahr, Stammquerschnitte zeigen: Ringe besonders schmal

1897 ein Bär reißt in einer Nacht 24 Schafe im Averser Hochtal; letzte Bärensichtung

1895 Staumauer von Bouzey (Frankreich) bricht; 200 Tote

1890/1895 Bau der Kantonsstrasse (Averstrasse) von der Splügenstrasse in der

„Rofla" nach Avers Cresta

1897 Rudolf Diesel baut den ersten Diesel-Verbrennungsmotor

1891/1892 Schwere Hungersnot und Choleraepidemie in Russland

1890 starke Überschwemmungen u. Rutschungen im bündnerischen Rheingebiet

1889 Erstbesteigung des Kilimanjaro (5.895 m), durch Hans Meyer und Ludwig Purtscheller

1888 Hochwasser: Überschwemmungen im Averser Hochtal; Schneefall bis ins Tal

1888 im gesamten Alpenraum Lawinenkatastrophe

1886 Hochwasser, durch Föhn, danach Schneefall bis ins Tal

1887/1888 Lawinenwinter im Hochtal Avers

1885 Bau des ersten Automobils durch Benz und Daimler

1883 Vulkanausbruch Krakatau, gigantische Tsunamis, 50 Tote in Graubünden

1882/1884 Gotthardbahn und Arlbergbahn werden eröffnet; Spülgüter u. St. Bernhard

1877 Averser Frauen tragen 66,5 kg (Rup 10 Liter) Bergheu über weite

1877 Hungersnot in Nordchina (10 Mill. Tote)

1876 Sommerhochwasser mit schweiz

1876 März-Orkan, vermutlich mehr als 100...

1868 Silberstollen des Averser Hoch...

1866 Erstbesteigung

1865 Der Sol...

---

stoffe): Fette, Wachse, Gerbsäuren, Farbstoffe. Kernholz arbeitet weniger als Splintholz und ist stark harzhaltig. Die Lärche verkernt sehr früh – bereits nach acht bis zehn Jahren – und erreicht durch dickwandige, s...

...nholz ist
...t. Gespalte-
...ge Soch."

Markstrahlen – nur makroskopisch sichtbar. Durch die Bastschicht von außen befüllte Speicherzellen. Dienen der Speicherung und Querleitung von Stoffen, z.B. Assimilaten. Umwandlung des Traubenzuckers in Stärke, Zellulosebedarf im Kambium, Harz für die Wundversorgung, Reststoffe zum Stamminneren, zur Verkernung. Markstrahlen erhöhen auch die Festigkeit und Steifigkeit des Holzes.

---

en, Versailles

...riege

...tektur

1517/1598 Zeitalter der Kirchenspaltung, Reformation & Gegenreformation

1492/1572 Zeitalter der Entdeckungen, A...

1575/1770 Zeitalter des Barock

15./16. Jhd. Zeitalter der Renaissance

1524/1572 Bauernaufstände, Hugenottenkriege

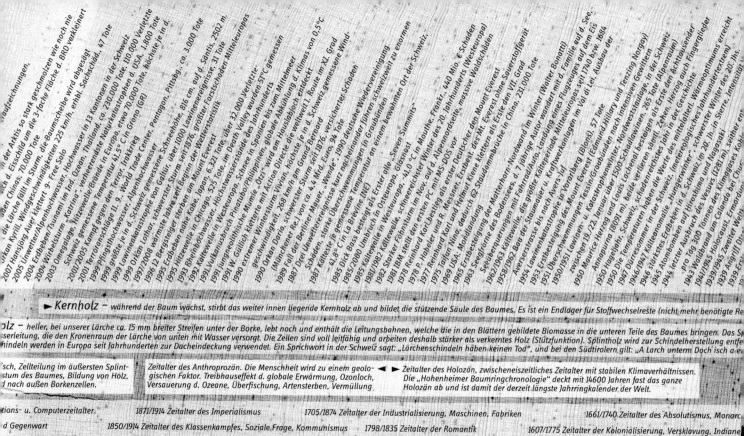

► Kernholz – während der Baum wächst, stirbt das weiter innen liegende Kernholz ab und bildet die stützende Säule des Baumes. Es ist ein Endlager für Stoffwechselreste (nicht mehr benötigte Re...

...olz – heller, bei unserer Lärche ca. 15 mm breiter Streifen unter der Borke, lebt noch und enthält die Leitungsbahnen, welche die in den Blättern gebildete Biomasse in die unteren Teile des Baumes bringen. Das Sp...
...serleitung, die den Kronenraum der Lärche von unten mit Wasser versorgt. Die Zellen sind voll leitfähig und arbeiten deshalb stärker als verkerntes Holz (Stützfunktion). Splintholz wird zur Schindelherstellung entfe...
...hindeln werden in Europa seit Jahrhunderten zur Dacheindeckung verwendet. Ein Sprichwort in der Schweiz sagt: „Lärchenschindeln haben keinen Tod", und bei den Südtirolern gilt: „A Lärch unterm Doch isch a...

...isch, Zellteilung im äußersten Splint-
...stum des Baumes, Bildung von Holz,
...d nach außen Borkenzellen.

Zeitalter des Anthropozän. Die Menschheit wird zu einem geologischen Faktor. Treibhauseffekt d. globale Erwärmung, Ozonloch, Versauerung d. Ozeane, Überfischung, Artensterben, Vermüllung ◄ ► **Zeitalter des Holozän,** zwischeneiszeitliches Zeitalter mit stabilen Klimaverhältnissen. Die „Hohenheimer Baumringchronologie" deckt mit 14600 Jahren fast das ganze Holozän ab und ist damit der derzeit längste Jahrringkalender der Welt.

...ions- u. Computerzeitalter   1871/1914 Zeitalter des Imperialismus   1705/1874 Zeitalter der Industrialisierung, Maschinen, Fabriken   1661/1740 Zeitalter des Absolutismus, Monarc...
...d Gegenwart   1850/1914 Zeitalter des Klassenkampfes, Soziale Frage, Kommunismus   1798/1835 Zeitalter der Romantik   1607/1775 Zeitalter der Kolonialisierung, Versklavung, Indiane...
...egszeit, Kalter Krieg   1850 Zeitalter des Realismus und Impressionismus   1789/1804 Zeitalter der Aufklärung   1730 Zeitalter des Rokoko in europäischer Kunst und Arc...

Kurvenverlauf der Jahrringbreiten bei der Avers-Lärche

Messung am Labor für Dendrogeomorphologie, Institut für Geologie Universität Bern, Software: WinDendro
Annina Sorg, Dipl. Forstingenieurin ETH Zürich (2012)

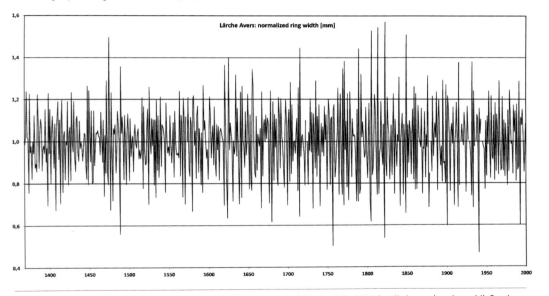

Lärche Avers: normalized ring width [mm]

▲ *Die Messung der Jahrringbreiten vom Jahr 1376 (innerster Jahresring) bis zum Jahr 2008 (vertikal = mm) und anschließendes Crossdating (Abgleich) mit der Lärchen-Referenzchronologie fürs Bündnerland ergab das Alter von 632 Jahren.*

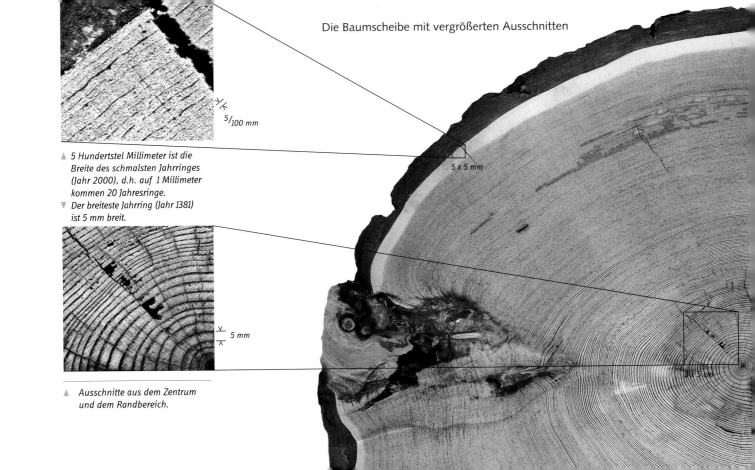

Die Baumscheibe mit vergrößerten Ausschnitten

5/100 mm

▲ 5 Hundertstel Millimeter ist die
   Breite des schmalsten Jahrringes
   (Jahr 2000), d.h. auf 1 Millimeter
   kommen 20 Jahresringe.
▼ Der breiteste Jahrring (Jahr 1381)
   ist 5 mm breit.

5 x 5 mm

5 mm

▲ Ausschnitte aus dem Zentrum
   und dem Randbereich.

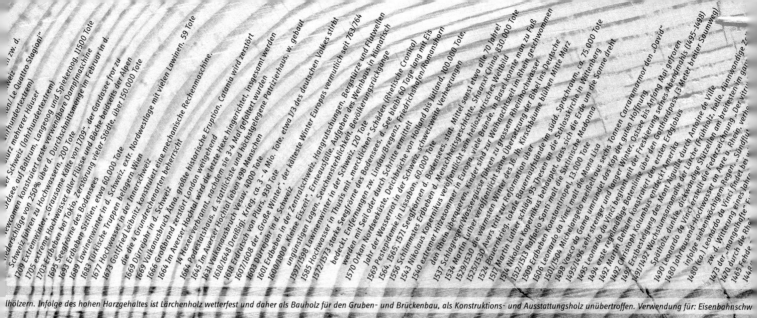

Dated ring-labels (outer/left = more recent, inner/right = older):

- …zw. d.
- …weiz
- …en / Le Quattro Stagioni)
- …er Schweiz (mehrerer Häuser
- …Jahrhundertextrem)
- …rdsee, auf Baltrum, Langeoog und Spiekeroog. 11.500 Tote
- …ewkommen konstruiert erste verwendbare Dampfmaschine
- 1709 führen zu Hochwasser um 250% über d. Durchschnittsmenge im Februar in d.
- 1705 extreme Hochwasser. "grausame Kälte von 1709" - der Gardasee fror zu
- 1695 Seegfrörne des Bodensees
- 1693 Erdbeben bei Tokio. 200 Tote
- 1689 Lawineneinwinter in d. Schweiz, etwa 60.000 Tote
- 1689 Hochwasser aller Flüsse und Bäche beidseits der Alpen
- 1677 Hochwasser in d. Schweiz, extr. Nordwestlage mit vielen Lawinen, 59 Tote
- 1673 Türkische Truppen belagern Wien
- 1669 Gottfried Leibnitz konstruiert, die 4 Grundrechenarten beherrscht
- 1669 Dürrejahr in der Innerschweiz
- 1666 Großbrand zerstört London weitgehend
- 1666 Vulkanausbruch Ätna, größte historische Eruption. Catania wird zerstört
- 1664 Im Averser Hochtal wird die letzte Hexe hingerichtet, insgesamt werden
- 1645 Im Averser Hochtal, nachdem sie 3-4 Mal gefoltert wurden
- 1631 Vulkanausbruch Vesuv. 4000 Tote
- 1618/1648 Dreißigj. Krieg, ca. 3 - 4 Mio. Tote, etwa 1/3 des deutschen Volkes stirbt
- 1607/1608 Erdrutsch von Plurs. 930 Tote
- 1607/1608 der "Große Winter", der kälteste Winter Europas vermutlich seit 763/764
- 1603 Dürrejahr in d. Schweiz
- 1601 Erdbeben in der Zentralschweiz
- 1600/1800 "Kleine Eiszeit"
- 1597/1598 Lawineneinwinter ungünstigen Lagen
- 1585 Hochwasser in Thusis mit "mercklichen" Schäden
- 1572/1573 starke Seegfrörne des Bodensees
- 1570 Orkan Nordseeküste, Deichbruch von Holland bis Jütland. 100.000 Tote
- 1569 Pestepidemie in Lissabon. 60.000 Tote
- 1569 Lindau/Bregenz, Friedrichshafen/Romanshorn: Seuchensterblichkeit, Aufgeben des Weinbaus in klimatisch
- 1565/1571 Seegfrörnen d. Bodensees
- 1564 Erdbeben d. Bodensees, schweizweite Verheerungen
- 1556 Schlimmstes Erdbeben d. Menschheitsgeschichte in China. 830.000 Tote
- 1543 Nikolaus Kopernikus veröffentlicht sein heliozentrisches Weltbild. Shaanxi China
- 1540 extreme Hitzesommer in Europa, viele Brände. In Basel konnte man zu Fuß
- 1537 Schlagregen/Wassergüsse führen zu großem Rheinhochwasser. den Rhein überqueren. Kinder sind zur Weihnachtszeit im Rhein geschwommen
- 1534 Martin Luther veröffentlicht seine Übersetzung der Bibel ins Deutsche
- 1529/1530 die wärmsten Winter des 16. Jh. Kirschbäume blühen Mitte März
- 1525/1530 Avers tritt zur Reformation über
- 1524 Bauernkrieg, lokale Bauernaufstände im südd. Sprachraum, ca. 75.000 Tote
- 1522/1513 Raffaelo Santi malt die Sixtinische Madonna
- 1517 Martin Luther schlägt 95 Thesen an die Schlosskirche in Wittenberg
- 1517 Martin Luther Reformation
- 1514 Nikolaus Kopernikus behauptet, dass sich die Erde um die Sonne dreht
- 1512/1513 Raffaelo Santi malt die Sixtinische Madonna
- 1509 Erdbeben Konstantinopel, ca. 13.000 Tote
- 1506 Leonardo da Vinci malt die Mona Lisa
- 1501/1504 Michelangelo meißelt aus sechs Tonnen Carraramarmor den "David"
- 1498 Vasco da Gama umrundet das Kap der guten Hoffnung
- 1495/96 sehr strenger und langer Winter, Ostsee bis Anfang Mai gefroren
- 1495 Leonardo da Vinci beginnt mit der Freskierung seines Abendmahls (1495-1498)
- 1494 Martin Behaim konstruiert den ersten Erdglobus
- 1492 Christoph Kolumbus entdeckt Amerika
- 1492 Erstbesteigung des Mont Aiguille durch Antoine de Ville
- 1491/1492 Wachstumsanomalie der Lärche, dickwandige Stützellen der Frühholz, helle, dünnwandige Ze…
- 1490 Leonardo da Vinci erstellt die Federzeichnung "der vitr…
- 1480 Leonardo da Vinci malt …
- 1480 Jahrtausend-Hochwasser im Aare u. Rhein, Sündflut
- 1473 der "mangelhafte" …
- 1470 durch die Rh…
- 1465 Fehde…
- 144…

lhölzern. Infolge des hohen Harzgehaltes ist Lärchenholz wetterfest und daher als Bauholz für den Gruben- und Brückenbau, als Konstruktions- und Ausstattungsholz unübertroffen. Verwendung für: Eisenbahnschw[…]

Kanäle zwischen den Faser-
er haben zwar keine Harz-
unden direkt.

▼ **Spätholz** – dunkel, in d. zweiten Jahreshälfte langsam gewachsen, geben dem Baum a[…]
▼ **Frühholz** – hell, Leitzellen, versorgen im Splintholz die Krone mit Nährlösung

Jahresring – Jedes Jahr wird ein Jahresring gebildet. Alle gezählt = Alter des Baumes

° Übergang von der Romanik, ab 1140 zur Gotik, bis 1550 (Stilepochen der europäischen Architektur und Kunst)

1077 Kaiser Heinrich IV. du[…]

° Krieg zwischen Frankreich und England

Um 1300-1350 geht die mittelalterliche Warmzeit in die folgende Kleine Eiszeit über. Das kältere Klima reduziert die Ernten; Hungersnot, Seuche[…]

1400

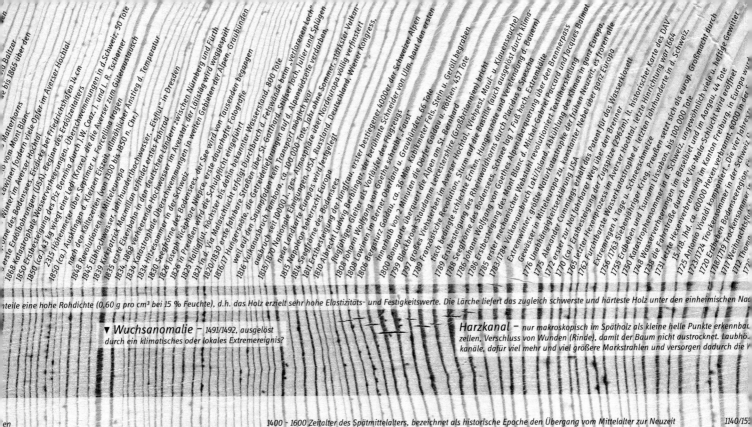

...nteile eine hohe Rohdichte (0,60 g pro cm³ bei 15 % Feuchte), d.h. das Holz erzielt sehr hohe Elastizitäts- und Festigkeitswerte. Die Lärche liefert das zugleich schwerste und härteste Holz unter den einheimischen Nad...

▼ Wuchsanomalie – 1491/1492, ausgelöst
durch ein klimatisches oder lokales Extremereignis?

Harzkanal – nur makroskopisch im Spätholz als kleine helle Punkte erkennbar...
zellen, Verschluss von Wunden (Rinde), damit der Baum nicht austrocknet. Laubhö...
kanäle, dafür viel mehr und viel größere Markstrahlen und versorgen dadurch die W...

en   1400 - 1600 Zeitalter des Spätmittelalters, bezeichnet als historische Epoche den Übergang vom Mittelalter zur Neuzeit   1140/153...

15. Jahrhundert, Zeitalter des Humanismus, Erfindung des Buchdrucks   1337/1453 Hundertjährige...

450

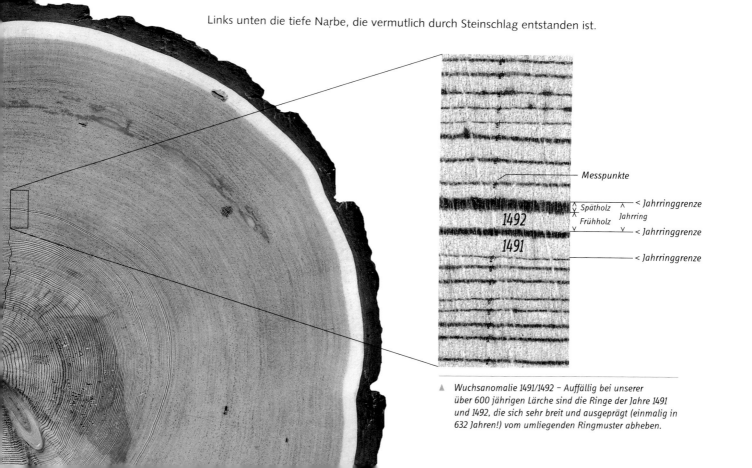

Links unten die tiefe Narbe, die vermutlich durch Steinschlag entstanden ist.

Messpunkte

Spätholz
Frühholz
Jahrring

1492
1491

< Jahrringgrenze
< Jahrringgrenze
< Jahrringgrenze

▲ Wuchsanomalie 1491/1492 – Auffällig bei unserer
über 600 jährigen Lärche sind die Ringe der Jahre 1491
und 1492, die sich sehr breit und ausgeprägt (einmalig in
632 Jahren!) vom umliegenden Ringmuster abheben.

Die winterhärtesten Bäume sind die
Dahurische Lärche (Larix gmelinii) und die
Ostasiatische Zwerg-Kiefer (Pinus pumila).
Sie widerstehen Temperaturen bis zu -70 °C.
Die Dahurische Lärche ist auch die Baumart,
die am weitesten im Norden überleben kann:
72° 30' N, 102° 27' O
Dort wächst sie jedoch nur zu einem
hingekauerten Strauch.

◀ Im Capetta- und Letziwald – hier an der alten
Averserstraße – findet man noch manchen
sehr alten Lärchen- und Arvenbaumriesen.

Das Leben kennt keine Gesetze,
Es gibt nur „möglich" und „nicht",
Jed' Wesen den Platz nur besetze,
der seinem Bedürfnis entspricht.

AUTOR UNBEKANNT

Die Rinde der Lärche wächst ständig nach. Sie ist eine wichtige Schutzschicht für den Baum und schützt vor dem Austrocknen, vor Pilzbefall und „gefräßigen" Insekten. Die Rinde der Lärche enthält bis zu 15% Gerbstoff, der auch heute noch in Ungarn und Russland als Gerberlohe Verwendung findet. Mit dem Alter geht die anfangs grün- bis graubraun gefärbte glatte Rinde in eine tiefgefurchte, schuppige, bis zu 10 cm starke Borke über. Diese ist abgestorben, bildet Schutz vor Steinschlag und ist ein wahrer Mikrokosmos und Lebensraum für die verschiedensten Lebewesen wie Käfer, Spinnen, Baumwanzen, Schmetterlinge, Schnecken, Asseln, Flechten, Pilze, Algen und Moose. Auch Baumläufer und Meisen wissen deren Verstecke am Baum zu nutzen.

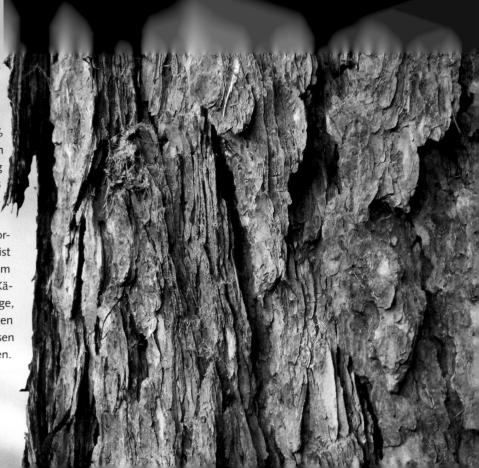

„Arven und Lärchen bilden die Haute-volee der Alpenbäume, die zur vollen Entfaltung ihrer Schönheit der Nachbarschaft der Berge bedürfen. Ziehende Wolken über hellem Sonnentag, feines Leuchten über Berg und Tal, aber auch alle Wetternöte und karge Nahrung im felsigen Grund sind ihre Gefährten. Die Umweltfaktoren haben das Aussehen der Baumgestalten geprägt und sie zum unentbehrlichen Bestandteil der Bergheimat gemacht. Aus dem Schatten der letzten Bäume überblickt der Wanderer den zurückgelegten Weg, bevor ihn der Fuß hinaufführt in die Welt der Felsen und Firne, die ganz andere Bilder vermitteln."

Jahrbuch des S.A.C., Arven und Lärchen in den Hochalpen, Eugen Thrier, 1976

▲ ◄ *Die Lärche ist einhäusig, d.h. weibliche und männliche Blüten kommen auf einem Individuum vor. Die weiblichen Blüten stehen wie in obiger Abb. aufrecht an dreijährigen benadelten Kurztrieben. Die schwefelgelben männlichen Blüten befinden sich an unbenadelten Kurztrieben.*

Die Hausfundamente von Venedig ruhen in traditioneller Pfahl- oder Stelzenbauweise auf Lärchen- und Eichenpfählen, den sog. Pali. Die 2 bis 4 Meter hohen Pfosten wurden im Abstand von 60 bis 80 cm in Kreisen tief in den Grund der Lagune gerammt. Darauf wurden sich kreuzende Balken befestigt, auf die Blöcke aus istrischem Stein geschichtet wurden. Diese tragen dann den Unterbau der Häuser aus Ziegeln und Mörtel. Für die berühmte Kirche „Santa Maria della Salute" mussten nicht weniger als 1 160 657 Lärchen-Pali in den Grund der Lagune gerammt werden.

▲ *Welch gewaltige Last ruht auf den unzähligen Lärchenpfosten unter der Lagunenstadt Venedig?*

Lärchenessenzen werden in der Aromatherapie und der Duftheilkunde eingesetzt. Das Harz der Lärche wird auch in der Humanmedizin verwendet. Es enthält viele ätherische Öle wie Terpentinöl. Das daraus gewonnene „Venezianische Terpentin" wirkt bei Erkältungskrankheiten hustenstillend und schleimlösend und auch durchblutungsfördernd. Mit Ölen und Bienenwachs gemischt, ergibt es die altbewährte Lärchensalbe, die bei Erkältungskrankheiten, Rheuma, Gicht und Ischias Anwendung findet.

Junge, frische Lärchenspitzen schmecken süßsauer und herb und eignen sich hervorragend als Wildgemüse.

▲ *Junge Lärchenspitzen*
► *Lärchenterpentin, Terebinthina Laricina. Der medizinische Wirkstoff der Lärche ist das Lärchenterpentin (Balsam, Harzsaft), das durch Anbohren der Stämme der Lärche gewonnen wird.*

Bäume sind für mich immer die
eindringlichsten Prediger gewesen;
in ihren Wipfeln rauscht die Welt,
ihre Wurzeln ruhen im Unendlichen.

HERMANN HESSE (1877 – 1962)

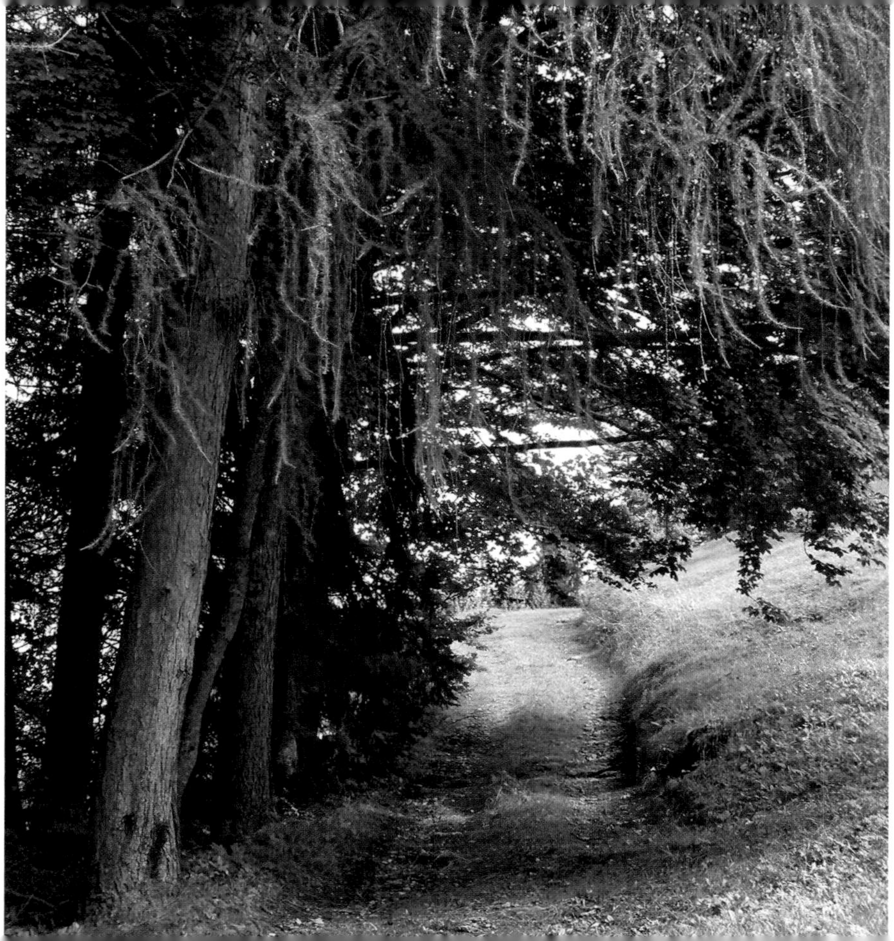

Weißt du, daß die Bäume reden?
Ja, sie reden.
Sie sprechen miteinander,
und sie sprechen zu dir,
wenn du zuhörst.
Aber die weißen Menschen hören nicht zu.
Sie haben es nie der Mühe wert gefunden,
uns Indianer anzuhören,
und ich fürchte,
sie werden auch auf die anderen Stimmen
in der Natur nicht hören.
Ich selbst habe viel von den Bäumen erfahren:
manchmal etwas über das Wetter,
manchmal über Tiere,
manchmal über den Großen Geist.

TATANGA MANI, INDIANERHÄUPTLING
„WALKING BUFFALO" (1871 – 1967)

▲ *Der mächtige Bergahorn auf dem Alpgebiet bei Steibis im*
Allgäu hat auch schon 400 Jahre auf dem Buckel. Im Innern
des mächtigen Baumes könnten vier Personen eine Party feiern.
◄ *Lärchen am Waldrand.*

Ich lebe mein Leben
in wachsenden Ringen,
die sich über die Dinge ziehn.
Ich werde den letzten
vielleicht nicht vollbringen.
Aber versuchen will ich ihn.
Ich kreise um Gott,
den uralten Turm,
und kreise jahrtausendelang;
und ich weiß noch nicht:
bin ich Falke,
ein Sturm
oder ein großer Gesang.

RAINER MARIA RILKE (1875 – 1926)

◀ *Holz als Zeitkonserve. Die konzentrischen Jahresringe uralter Bäume reichen Jahrhunderte oder manchmal sogar Jahrtausende in die Vergangenheit zurück. Für die Natur ein Wimpernschlag, für die Menschen eine gewaltige Zeitspanne.*
„Methuselah", eine langlebige Kiefer, wächst in einer Höhe von über 3000 m ü. NN in Kalifornien in den White Mountains zwischen Nevada und dem Death Valley und galt mit 5062 Jahren bis 2012 als ältester Baum der Welt, dessen Alter durch Dendrochronologie verifiziert werden konnte. Er wurde durch eine schwedische Fichte im Nationalpark Fulufjället in der Provinz Dalarna abgelöst, die nun mit 9550 Jahren als ältester Baum der Welt gilt. (www.wissenschaft.de)

Strukturen

Die Muster der Natur

n der Natur findet man sie ja überall. Die gleichmäßigen Strukturen und Muster, Linien und Flächen, die unser Auge fesseln. Ob im Fels, an Holz, bei Pflanzen oder Tieren. Immer wieder entdecken wir Gebilde und Texturen, die sich schablonenhaft wiederholen. Seien es nun Lage und Verteilung von Gestein, konzentrische Jahresringe und Rindenstrukturen bei Holz oder die Flügelschuppen bei einem Schmetterling. Manchmal sind es auch unregelmäßige Formationen, die uns durch ihre Wiederholung staunen lassen. Offenbart uns hier die Natur vielleicht Bruchstücke ihres Bauplanes?

Die Muster macht die Natur –
der Mensch kopiert sie nur.
KLAUS KLAGES (*1938)

So sind die ebenmäßigen Basaltsäulen, die wir an manchen Stellen auf der Erde finden, ja nicht zufällig entstanden, sondern folgen meistens einer hexagonalen (sechseckigen) Geometrie. Die an der Westküste von Schottland gelegene kleine Felseninsel Staffa besteht ausschließlich aus solchen Säulen. Die Oberflächen der mannsstarken Basaltpfeiler ragen beinahe waagerecht aus der Meeresbrandung. Wie ein Riesenpflaster lassen sich diese treppenartig übersteigen und erinnern an klotzig große, gebündelte Bleistifte.

Filigraner, aber deswegen nicht weniger spektakulär können Bergsteiger und Kletterer verwitterte und fein ziselierte Felsschuppen und Steinsplitter bewundern. Die büschelartigen Felsgebilde findet man oft in Gratnähe oder an beson-

▶ *Basaltsäulen auf Staffa. Die Wikinger nannten die Insel „Insel der Säulen" (Staffa = Säulen).*

ders windexponierten Stellen und sie faszinieren jeden Naturliebhaber. Hier hat das Klima, also Kälte, Hitze, Wind und Niederschläge, auf den Fels eingewirkt und ihn zum Kunstwerk geformt. Manchmal braucht die Natur aber einfach nur verdammt viel Zeit, um solche Wunderwerke zu schaffen. Die Gletschermühlen und Strudel-töpfe, die wir mancherorts in den Alpen finden, sind nicht von heute auf mor-gen entstanden. Jahrtausen-de mussten sich Wasser und Geröll an einer Stelle drehen, um diese badewannengroß-en Strudeltöpfe aus dem ge-wachsenen Fels zu schleifen. Wenn feinkörniges Sedimentgestein wie Schiefer verwittert und sich zersetzt, entdecken wir oft dünne, aufgespaltene Platten, die wie Auslegware übereinanderliegen.

Staffa, als Gott Vulkan sein Werk getan und zehn- oder hunderttau-send Basaltsäulen an dieser Stelle ans Licht geschickt hatte, stand da wie ein festgeschnürtes Bündel steinerner Tannen.

THEODOR FONTANE
(1819 – 1898)

◀ *Vor ca. 60 Millionen Jahren durch eine starke unterirdische Explosion entstanden: die Insel Staffa mit ihren Riesenbasalt-säulen. Keltische Volkssagen besagen, dass der „Säulengang des Riesen" (Giant's Causeway) von Irland bis hierher reichte, bevor er von den rivalisierenden Riesen zerstört wurde.*

*Unter den durch Feuer erzeugten Felsmassen ist das Phänomen säulenförmiger Absonderung bei den Basalt-Ge-
bilden allerdings besonders häufig und in sehr ausgezeichnetem Grade eigen. Basaltische Säulen-Dämme, ähnlich
jener auf Staffa, gibt es, in und außerhalb Europa, gar manche; nur sind sie sämmtlich weniger großartig.*

R.E.V. LEONHARD, 1838

▲   *Ausgetrocknetes Sediment im abgelassenen Verzasca Stausee im Tessin.*

▶   *Draufsicht auf Basaltsäulen auf Staffa. Säulenbasalt entsteht senkrecht zur Abkühlungsfläche, bevorzugt mit einer hexagonalen (sechseckigen) Geometrie.*

*Wenn sich Lava, also erkaltende Gesteinsschmelze,
verzögert abkühlt, entstehen durch die Kontraktion
(das Zusammenziehen oder Schrumpfen) nicht selten
meterlange eckige Basaltsäulen (Säulenbasalt). Denn
wenn die durch die Schrumpfung verursachte Span-
nung die Festigkeit des Gesteins überschreitet, reißen
Klüfte auf, die ein polygonales Muster (Wabenmuster)
bilden.*

*Dies ist der gleiche
Vorgang wie bei der
Bildung von polygona-
len Trockenrissen auf
einer Schlammoberflä-
che. Stetiger Magma-
druck von unten schiebt
dann das so entstan-
dene „Muster" nach
oben und bildet die
symmetrischen Säulen.*

▲ *Von der Witterung aufgebrochener Fels an der Roten Wand, 2704 m, im Lechquellengebirge.*

Durch Frost aufgebrochen und vom Regen ausge-
waschen entstehen dann wiederkehrende, stufige
Flächen und Formen. Bei entsprechendem Licht-
einfall und Schattenwurf sind das wahre Meisterwerke unter freiem Himmel.

Auch die in Jahrmillionen entstandenen Granit-
verwitterungen auf Elba, die sogenannten Tafoni (pietra tafunata - aus dem Korsischen, bedeutet durch-
löcherter Stein) sind interes-
sante Fotomotive. Die runden
Aushöhlungserscheinungen
an großen Granitblöcken gleichen bizarren Wabenstruk-
turen und entstehen durch

vier Faktoren: Wind, Wasser, Sonne und Salz. Zu
den bekannten physikalischen Verwitterungsfak-
toren kommt hier am Meer noch eine chemische,
nämlich Salz im Spritzwasserbereich, dazu.

▶ *Splittriger Fels am Gipfel des Gorfion, 2308 m, bei der Pfälzer Hütte im Rätikon.*

*Steine sind stumme Lehrer,
sie machen den Beobachter
stumm, und das Beste,
was man von ihnen lernt,
ist nicht mitzuteilen.*

**JOHANN WOLFGANG
VON GOETHE (1749 – 1832)**

▲ Tafoni (pietra tafunata) auf Korsika.

◄ Im Schieferbruch in der Provence.

So bilden sich die kugel- bis nierenförmigen Hohlräume mit einem Durchmesser von wenigen Zentimetern – bis zu einem halben Meter und mehr im Gestein.

Aber auch Holz bekommt durch Regen, Wind, Sonne und Frost die unterschiedlichsten Oberflächenstrukturen. In der Natur finden wir Holz als Stamm gewachsen oder in allen Stufen des Zerfalls zum Beispiel als Sturm- oder Totholz im abgestorbenen Zustand. Holz begleitet den Menschen, seit es Menschen gibt, und ist zum wesentlichen Bestandteil unseres Alltags geworden. Und zwar von der Wiege bis zur Bahre – bekanntlich beide aus Holz. Strukturen und Muster finden wir an bearbeitetem sowie unbearbeitetem Holz.

Ferner glaubte ich der Natur abgemerkt zu haben, wie sie gesetzlich zu Werke gehe, um lebendiges Gebild, als Muster alles künstlichen, hervorzubringen.

JOHANN WOLFGANG VON GOETHE (1749 – 1832)

◄ *Schindeln an einer Hauswand. Von der Natur 1:1 übernommen. Wie die Schuppen eines Fisches oder die Flügelschuppen eines Schmetterlings liegen die Holzschindeln funktionell übereinander und bieten Schutz vor Wind und Wetter.*

Da es viel weicher und völlig anders aufgebaut ist als Stein, gehen diese Vorgänge des Zerfalls natürlich rasanter vonstatten als bei Stein. Die schon mehrfach angesprochenen „Modulatoren" wie Wind, Regen, Sonne und Frost haben hier leichtes Spiel, und so finden wir überall in der Natur Holz im unterschiedlichsten Verwitterungszustand. Also genau die richtig guten Motive für die Schwarzweißfotografie.

Gehe mit Menschen wie mit Holz um:
Um eines wurmstichigen Stückchens willen
würdest du nie den ganzen Stamm wegwerfen.

AUS CHINA

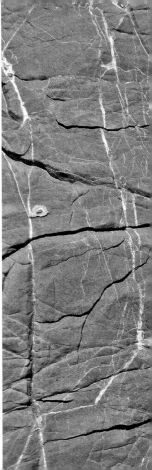

Das kannst du doch nicht leugnen,
daß wir in uns stecken
wie die Figuren in einem Steinblock.
Man muß sich aus sich herausarbeiten!
Man muß sich gegenseitig dazu zwingen!

ROBERT MUSIL (1880 – 1942)

► *Sehr reiner Dolomit am Biberkopf, 2599 m, in den*
Allgäuer Alpen. Das harte Karbonat-Gestein wurde
nach dem französischen Geologen Déodat de Dolo-
mieu (1750 – 1801) benannt.

Es sind die gleichen ordnenden Kräfte,
die die Natur in allen ihren Formen
gebildet haben
und die für die Struktur unserer Seele,
also auch unseres Denkvermögens
verantwortlich sind.

WERNER HEISENBERG (1901 – 1976)

Willst du dich
am Ganzen erquicken,
so mußt du das Ganze
im Kleinen
erblicken.

JOHANN WOLFGANG
VON GOETHE (1749 – 1832)

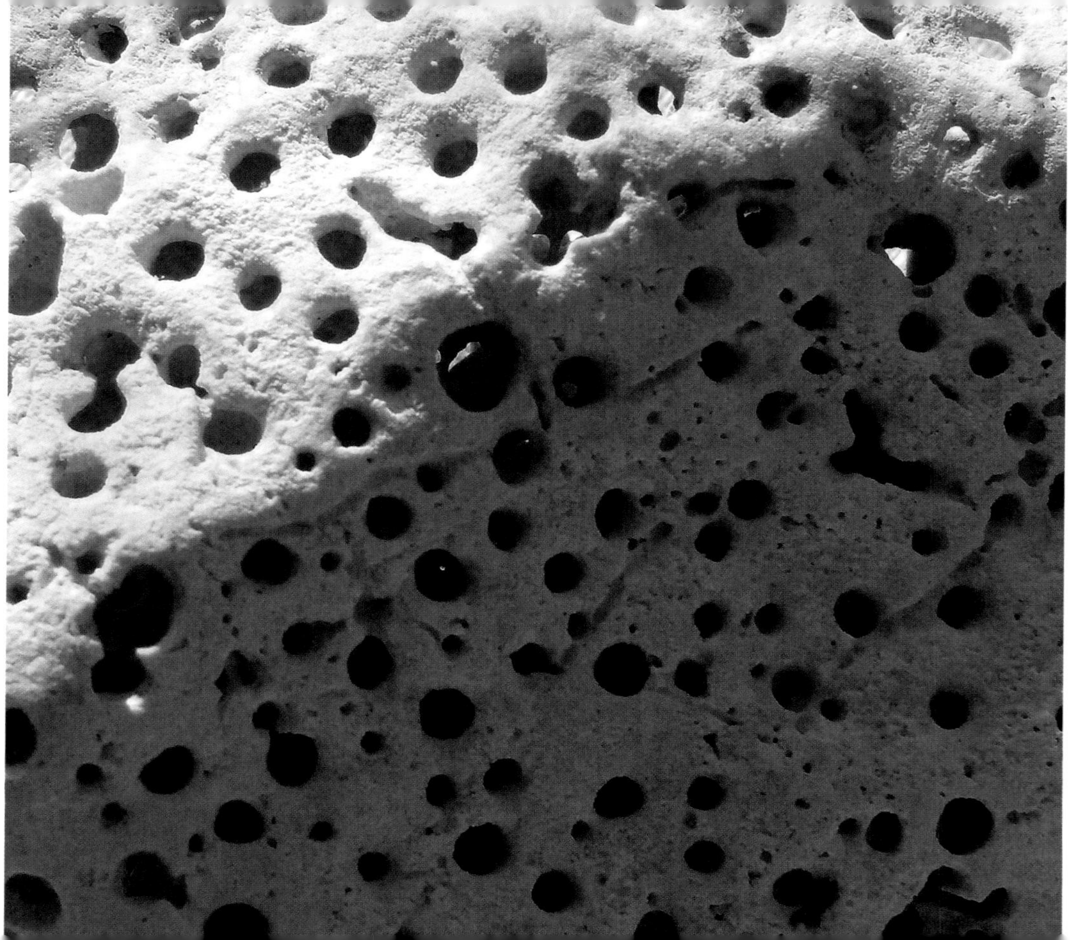

▲ Typische Salz- oder Lösungsverwitterung an Karbonatgestein. Oder war hier der Steinfresser am Werk? Insel Korčula.

◄ Kalkstein (Calciumkarbonat) oder Reste einer Koralle? Im Adriatischen Meer (Insel Korčula) rund geschliffen.

Stein: das ist Dürftigkeit, Kargheit, Unverbildetheit,
Ursprünglichkeit, Stärke, Kraft, Fühllosigkeit, Strenge.
Stein, das ist der Urstoff der Welt.
Als noch nichts war auf dieser Erde,
kein Haus und kein Baum, kein Leben,
da war der Stein.
Eine grandiose Steinwüste war die Erde,
als das Wasser, gleichsam das Blut der Welt, anfing den Stein zu umspielen,
auszuhöhlen, zu sprengen, erste fruchtbare Bestandteile aus ihm zu lösen,
aus denen die ersten Lebewesen sich nährten:
kleinste Algen.
Es war ein kümmerliches Dasein,
das diese Lebewesen fristeten, aber sie waren da.
Aus der Begegnung des Wassers mit dem Stein entstanden sie.
Der Stein als Symbol ist nichts anderes als die Urmöglichkeit der Gestaltung.
Aus seiner Kargheit entsprang die Fülle;
in seiner Kargheit ist die Möglichkeit, Fülle hervorzubringen.
Er ist als Symbol das Echte, Makellose.
Eine Auseinandersetzung mit ihm bedeutet,
sich mit dem Urgrund des Seins auseinanderzusetzen.

RUDOLF GRAMICH

► *Verwitterter und über Jahrtausende ausgewaschener Kalkstein.*
(Calciumkarbonat) Insel Korčula, Kroatien.

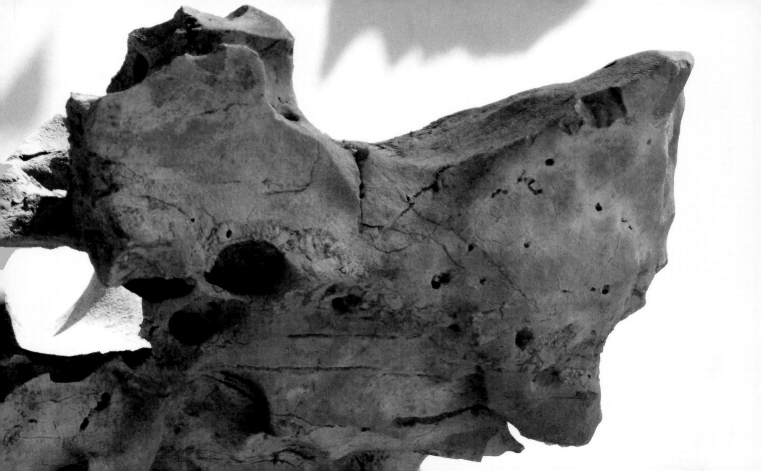

... Verbindung
..., Jahrringes
...) wird ein Saumweg angelegt
...ans, Engadin wg. gesperrter Ausfuhr
...e in Nordeuropa
...er Septimerpass wird mit bewaffneter Gewalt ...
...ndrucks, der See kann von Fussach nach Lindau und von
...6 Gerichtsgemeinde Avers führt ein eigenes Siegel (springender Steinbock)
1396 Langanargen begannen werden
1386 Bauboginn des bewaffneten Metallettern, Joh. Gutenberg
1380 lcal Aufgabe der Marländet Domes, (got. fünfschiffige Basilika)
1378 Seegfröne des Bodensees, (got. fünfschiffige Basilika)
"Grüne Land"-bedeckt hatte
1377 Baubeginn des Ulmer Münsters, got. fünfschiffige Basilika, Fertigstellung 1890
anhaltende Ostwinde und sehr kaltes Wetter im Herbst und Winter

1376 die Lärche beginnt zu wachsen

Bedingung; extrem kalter Sommer; lang
1372 Avers (Vallis Averii) wird in einer alten Landkarte urkundlich erstmalig erwähnt
1362 Zweite Marcellusflut; verheerende Sturmflut; Nordseeküste (Rungholt geht unter
1356 Erdbeben von Basel, viele Tote (100–2000) werden genannt)
1350 Erste Turmuhren mit außenliegendem Ziffernblatt; Aufkommen des Gusseisens;
1348 Beginn der großen Pestwellen denen ca. zwei Drittel der Bevölkerung zum
Opfer fallen (auch d. Schwächung von Hungersnöten), ca. 25 Mio. Tote
1337 Beginn d. Hundertjährigen Krieges zwischen England u. Frankreich
1336 Erstersteigung des Mont Ventoux; (Francesco Petracca)
1292 Walser besiedeln das Averser Tal u. sie stehen
unter dem Schutz von Como u. erhalten
von dort aus auch Zollrechte
gegenüber Chur

...fähle, Fensterrahmen, Außentüren, Treppenstufen und Fußböden.

▼ Mark, Kern -
Speicherzelle des jungen Triebes
(Jungpflanze) und der kleineren Äste
und Zweige, bis Markstrahlen
entstanden sind.

Festigkeit

750/1300 Zeitalter des Hochmittelalters
...s Hinterrheintal und das Schams auf seinem berühmten Gang nach Canossa.
...d Bürgerkriege folgen und reduzieren so die Bevölkerung auf etwa die Hälfte.

Jeder Baum hat seine eigene Biografie
und ist ein lebendes Vermächtnis
unserer Ahnen und Urahnen.

Selbst unsere uralte Lärche mit einem Stammdurchmesser von 85 cm hat einmal als winziger Keimling begonnen. Schicht für Schicht wuchsen die Zellen am Umfang des jungen Triebes und ließen so aus dem Terminaltrieb den Stamm und aus den Seitentrieben Zweige und Äste werden. Die winzig dünne Schicht aus Zellen, das Kambium, sorgte für den jährlichen Holzzuwachs. Bei einem Keimling oder einem neuen Trieb einer älteren Pflanze ist das Kambium nur ein winziger Schlauch aus Zellen, die eine ganz besondere Eigenschaft haben: Sie können auf der Innenseite Stängelzellen und auf der Außenseite Haut- oder Rindenzellen produzieren. So entsteht nach innen Holz und nach außen Rinde.

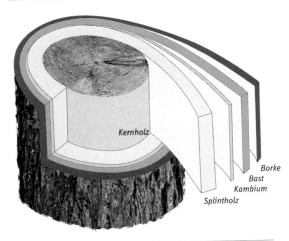

▲ Der innere Aufbau der Lärche

► Nebenstehender chronologischer Abriss zeigt
wichtige Ereignisse der Klima-, Welt-, Kultur-
und Alpingeschichte zu Lebzeiten der Lärche.
Eine exakte Zuordnung der Zeitdaten zu den
Jahresringen war infolge des extrem engen
Ringabstandes und einer noch vertretbaren
Schriftgröße nicht möglich.

▼ Untenstehende Zeittafel im 50 Jahre Abstand
ist exakt auf die entsprechenden Jahresringe
ausgerichtet.

Maßstab der Aufnahme ca. 1:2, d.h. die
Original-Baumscheibe ist ungefähr
halb so groß.

2012 wärmster ...
in M

▼ Rinde
Schutzschicht vor Austrocknung,
wächst mit dem Stamm mit wie unsere Haut.
Da die Rinde beim Dickenwachstum des
Stammes zu eng wird, reißt der äußere, ältere
und bereits abgestorbene Bereich (die Borke)
ein, wenn er nicht gleich abschuppt.

◄ Borke
Schutzschicht nicht
mehr mitwachsen-
der Rinde gegen
Verbiss (Wild) und
mechanische
Belastung.

► Bast
Innenrinde, lebend,
hier steigt das
Wasser mit den ge
lösten Nährstoffen
aus dem Boden zu
den Blättern auf.

▼ Kambium
holzring, ringf
erzeugt nach i.

1970

1946 Moderne, P

1946

Seilpartner und Weggefährten

Bergvagabunden sind treu

Ratgeber für Alpenwanderer in den Ostalpen

Prüfung der eigenen Fähigkeiten und der der Begleiter.

A. Allgemeines

Eine Bergfahrt in den Alpen erfordert in jedem Falle eine gewisse körperliche und unter Umständen auch geistige Leistung des Bergsteigers, in der Regel auch erhebliche seelische Kräfte. Das Maß dieser Anforderungen wird auch noch bestimmt durch die normalen Schwierigkeiten und Gefahren der gewählten Tur und durch die von Fall zu Fall noch dazukommenden besonderen Erschwerungen und durch die Begleitung. Es ist daher, wenn man Bergfahrten unternehmen will, vor allem nötig, mit sich zu Rate zu gehen, ob die eigene Person für Bergturen überhaupt und für welche Art von Turen sie geeignet ist. Geht man mit Begleitern — was die Regel ist und auch sein soll — so hat man auch seine Begleiter auf diese Eignung hin zu prüfen, denn man ist mit ihnen meist auf Leben und Tod verbunden.

B. Geistige Fähigkeiten und seelische Kräfte

Das Bergsteigen erfordert nicht nur körperliche, sondern auch geistige Fähigkeiten und seelische Kräfte, besonders wenn man führerlos im Gebirge geht: Verstand, um die besonderen Verhältnisse im Gebirge zu erkennen und zu beurteilen, die jeweilige Lage zu erfassen und folgerichtig zu handeln. Wer aber eine Dummheit begeht schließlich jeder einmal, taugt nicht für die Berge.

Beim Klettern hängt das Leben manchmal am seidenen Faden bzw. am etwas dickeren Kletterseil. Ich kann mich noch gut an meinen ersten Sturz ins Seil erinnern. Wir waren damals ein Wochenende lang an den Sellatürmen unterwegs. Die klassischen Routen eben an diesen drei gewaltigen Felsnadeln in den Dolomiten. Schon der erste Klettertag begann mit einem Paukenschlag: die „Vinatzerführe" am dritten Sellaturm. Immerhin 13 Seillängen lang und mit einem überhängenden Dächlein, das es zu überwinden galt. Am zweiten Klettertag stand dann mit der „Kasnapoffführe" am zweiten Sellaturm eine weitere anspruchsvolle und kräftezehrende Kletterroute auf unserem Programm.

Wahrscheinlich war ich körperlich nicht genügend vorbereitet, denn im mittleren Wandteil, wir waren schon 7 Seillängen unterwegs, bemerkte ich, wie mich immer mehr die Kraft verließ. Dann, an der Schlüsselstelle, kam, was kommen musste: ein saftiger Pendler, das heißt, ein Sturz in die unter mir liegende, leicht überhängende freie Wand mit anschließendem Hin- und Herpendeln. In der Routenbeschreibung wird diese Stelle lapidar erwähnt: „… gerade hoch über leicht überhängenden Fels." Ich kann mich noch genau an meine verzweifelten Halteversuche an

◄ Hehre Fragestellung vor der Tour: Taugt mein Begleiter und tauge ich überhaupt fürs Gebirge? Faksimile aus: „Ratgeber für den Alpenwanderer in den Ostalpen". D. u. Ö. Alpenverein, München 1928.

► Stängelloses Leimkraut (Silene acauliss ubsp. acaulis). Im Abstieg von der Roten Wand, 2704m, im Lechquellengebirge.

▲ *Unterwegs in der Cristallina. Links oben der Lago Cavagnöö. (Den schreibt man wirklich so!)*

den kleinen Griffleisten erinnern. Wie sich meine Knöchel weiß verfärbten. Auch an mein Seilkommando, als ich begriff, dass es jetzt ziemlich schnell abwärts geht: „Zuuug" – und das in unüberhörbarer Lautstärke, quasi ein Urschrei im Konkav der riesigen Felswand. In diesem Augenblick wusste ich auch, dass jetzt alles – nämlich mein Leben – in den Händen meines Seilpartners Uli lag. Mein Namensvetter meisterte die brenzlige Situation natürlich in gewohnt professioneller Art und so schwang ich noch ein paar-

Uns gehört nur die Stunde.
Und eine Stunde,
wenn sie glücklich ist,
ist viel.

THEODOR FONTANE (1819 – 1898)

mal hin und her, bevor ich unter Einfluss eines gewaltigen Adrenalinschocks wieder zu den anderen aufschloss. In dieser Situation bekam das Wort Kameradschaft plötzlich eine neue Bedeutung für mich. Aus dem Seilpartner und Kletterspezl wurde schlagartig ein Lebensretter.

Wenn man viel an steilen Wänden, auf Gletschern und in unwegsamem Gelände unterwegs ist, kommt man immer wieder einmal in eine solche Situation, in der man bedingungslos auf den anderen angewiesen ist. Das schweißt zusammen. Nicht umsonst können Manager und Führungskräfte für viel Geld Survivaltrips, Dschungelcamps oder sogenannte Wilderness Survival Courses buchen.

► *Der „Klassiker" in der Bernina. Die Piz Palü Überschreitung mit Ersteigung des Piz Bernina, 4049 m, gilt als rassige kombinierte Hochtour in den Ostalpen, hier im „Einbahnverkehr" auf dem fußbreiten ausgesetzten Verbindungsgrat Richtung Rifugio Marco e Rosa.*

Hier werden die Teilnehmer in Belastungssituationen – unter psychischem und physischem Stress, so die Werbung – in Situationen gebracht, die die Teilnehmer und die Gruppe verändern. Der Einzelne merkt plötzlich, was es heißt, sich auf den anderen verlassen zu können.

So heftig sich mir obiges Ereignis auch in mein Gedächtnis eingeprägt hat, so freudig ist mir aber auch manche Glücksstunde im Gebirge in Erinnerung geblieben. Ich denke an die vielen Gipfeltouren, bei denen meinen Bergkameraden und mir eigentlich nur eines im Sinn lag: den Tag, die Natur und das Leben mit vollen Zügen zu genießen. Und zwar das einfache Leben. Unverstellt, unkompliziert und ursprünglich. So wie man es nur in der freien Natur erlebt. In meinen Büchern „hoch empor" und „Vom Wandern und Rasten" habe ich beschrieben, warum es durchaus Spaß machen kann, einen Kocher mit auf den Berg zu schleppen und dort eine zweistündige kulinarische Gipfelrast einzulegen. Nach einer mehrstündigen Wanderung verspürt nämlich selbst der kräftigste Bergsteiger das Bedürfnis nach einer Rast. Und dazu braucht man halt Leidensgenossen.

Monde und Jahre vergehen, aber ein schöner Moment leuchtet das Leben hindurch.

FRANZ GRILLPARZER (1791 – 18

◄ *Unterwegs auf den Klettersteigen der Brenta.*
► *Anspruchsvoll auf die Drusenfluh, 2827 m: der Klettersteig in der Blodigrinne.*

Menschen, die ebenfalls den Hang zum Genießen haben. Die sich nicht scheuen, ein saftiges, in Butter gebratenes Rinderfilet auf einer rustikalen Brotscheibe zu verdrücken. Die auch willens sind, das Ganze mit einem Gläschen Merlot und einem Gebirgsenzian abzurunden. Alleine macht das wenig Spaß. Auch das gemeinsame Gehen in eine Richtung und zu einem Ziel, dem Berggipfel, ist in einer kleinen Gruppe Gleichgesinnter erquicklicher als alleine. Man kann sich untereinander austauschen. Beim rhythmischen Gehen und Steigen lässt sich dem anderen gut zuhören und dabei den Gedanken des Weggenossen folgen, so wie man dem Weg folgt.

Auch die eine oder andere mehrtägige Tour fördert die Kameradschaft. Das kann zum Beispiel eine Bergtour im Spätherbst sein, wenn die Sektionshütten schon alle geschlossen sind. Manchmal auch erst nach den ersten Schneefällen. Oft hat man bei solchen späten Touren noch gute Verhältnisse. Zum Übernachten ist man dann allerdings auf den Winterraum einer Schutzhütte angewiesen. In Italien und in der Schweiz – dort vor allem im Tessin – gibt es für solche Fälle auch komfortabel eingerichtete Selbstversorgerhütten mit Koch- und Waschgelegenheit. Oft sind meine Bergkameraden und ich die einzigen Übernachtungsgäste. Und gerade das ist das Reizvolle an solchen Unternehmungen. Plötzlich ist der ganze Rummel weg und die Bergwelt zeigt sich uns wieder in ihrer Ursprünglichkeit und Rauheit. Meist ist das Naturerlebnis bei solchen „ausgedehnten" Touren auch viel intensiver und es bleibt mehr Zeit zum Sinnieren, Fotografieren und Diskutieren.

Das Glück gehört denen, die sich selbst genügen. Denn alle äußeren Quellen des Glückes und Genusses sind, ihrer Natur nach, höchst unsicher, misslich, vergänglich und dem Zufall unterworfen.
ARTHUR SCHOPENHAUER (1788 – 1860)

◄ *Einsamer Wanderer auf dem Weg zum Piz Kesch.*

Die Winterräume haben sich vor allem auch für unsere zahlreichen Ski-touren schon oft bewährt. Dabei zeigt sich dann der Vorteil des Übernach-tens am nächsten Tag. Die bis zum Winterraum schon aufgestiegenen Höhenmeter verkürzen den Anstieg meist beachtlich, und wenn man zei-tig aufbricht, hat man für die Abfahrt oft noch perfekten Firn. Überhaupt ist frühzeitiger Aufbruch für jede Art von Ski-, Berg- oder Klettertour von Vorteil. Zunächst hat man ein bequemes Zeitpolster, das eventuelle Un-wägbarkeiten oder unvorhergesehene Zwischenfälle abfedert. Des Wei-teren verleiht das Aufsteigen „in den Sonnenaufgang" der Tour einen viel eindrucksvolleren Glanz und macht mehr Freude. Freude, die man mit den Weggefährten teilt. So sagt es ja auch das be-kannte Sprichwort: Geteite Freude, doppelte Freu-de – geteiltes Leid, halbes Leid.

Folge deiner Freude.
Auch wenn andere dich kritisieren.
Deine Freude weist dir deinen Weg.
Deine Freude ist der Kompaß
deiner Seele,
die deinen Weg kennt.

IRINA RAUTHMANN

◀ *Skitour im Bregenzerwald.*
▶ *Muss jeden Winter einmal gemacht werden: der Toblermannskopf im Bregenzerwald.*

Der Gefährte

Das Wort ist nah beim Wort Gefahr
und nah auch beim Wort Gefährt.
Der Gefährte ist mehr als ein Begleiter.
Er ist wie ein Gefährt, mit dem man fährt,
mit dem zusammen man verbunden ist,
unlöslich, für eine Weile, und notwendig
für das Fortkommen.
Der Gefährte teilt die Gefahr.
Ist aber auch selbst die Gefahr,
und ich bin seine Gefahr.
Mit dem Gefährten wird die Fahrt
stets anders sein als allein.
Am anderen redet sich das Erlebte,
teilt sich und vermehrt sich.
Sammelt sich und kann sich verlieren.
Wer nicht allein zu Berg gestiegen ist, weiß nicht,
was der Gefährte bedeutet.

HELMUTH ZEBHAUSER (*1927)

▲ *Hüttenimpressionen.*
◄ *Die Abdruckgenehmigung für den Text „Der Gefährte" erteilte mir der heute 86-jährige und immer noch rüstige Dr. Helmuth Zebhauser in Form eines persönlichen Briefes.*

Alle Wege schreiten,
Alle Flüsse gleiten,
Alle Winde reiten
Auf dem Wolkenpferd.
Wälder bergwärts steigen,
Hügel ziehen Reigen,
Allesamt sie neigen
Vor der Sonne sich.
Ei, so laßt uns folgen
Wald und Wind!
Sonne, Wolken,
Hügel Weggefährten sind.

Laßt die Schlummermützen
In der Ecke sitzen,
In der Stube schwitzen,
Fern dem blauen Licht!
Laßt daheim sie liegen,
Gähnen und sich biegen,
Faul im Schlaf sich wiegen
In dem dunklen Haus!
Kamerad, wir wandern
Früh am Tag,
Froh durch Wald und Auen
Unterm Lerchenschlag.

Bergwärts laßt uns gehen
Zu den blauen Höhen,
Wo die Winde wehen
Allen Staub von uns!
Rings die Weiten schweigen,
Seht die Sonne steigen
Über Gipfelreigen
Groß und königlich!
Brüder, laßt uns preisen
Allzumal
Gottes liebe Sonne,
Wolken, Berg und Tal!

KARL SEIDELMANN (1899 – 1974)

▲ *Etwas Warmes braucht der Mensch. Im kleinen Bivacco Cecchini übernachten wir, um am nächsten Morgen dem Pizzo Ferre, 3108 m, zu Leibe zu rücken.*

Das Schönste ist die Gipfelstunde
mit einem netten Kameraden,
die Gedanken noch ganz in der Wand,
der man soeben entstiegen ist,
und dabei schweifen die Blicke schon wieder
weiter zu einem anderen Ziel.

HERMANN BUHL (1924 – 1957)

▲ *Vor den Drei Türmen im Montafon.*

Sei dir deiner Kräfte,
Bedürfnisse und Möglichkeiten bewusst,
dann wirst du auf dem Weg,
den du beschreitest,
einen Gefährten haben.

AUS TIBET

Zeichen am Weg

Von Wegweisern und Markierungen

Wie oft haben wir schon nach diesen kleinen, unscheinbaren Zeichen am Weg gesucht. Nach den farbigen Markierungen an markanten Steinen oder Bäumen. Den Strichen, Kreisen oder Kreuzen. Teilweise sogar mühevoll und exakt in den Fels geschlagen und mit Farbe ausgefüllt. Manchmal im unübersehbaren Fünf-Meter-Abstand, manchmal über weite Strecken unauffindbar. Aber wie es nun mal ist, meistens hapert's ja schon daran, den Weg zum Wegweiser zu finden, denn es gibt nicht immer und in jedem Gelände einen ausgetretenen Pfad. Dann gilt es den Blick schweifen zu lassen. Manchmal hilft auch ein anderer Blickwinkel oder eine andere Perspektive weiter, unter welchen wir uns im Gelände orientieren. Ein paar Meter höher oder mehr links oder rechts, ein paar Schritte zurück, und plötzlich sind wir wieder auf dem richtigen Weg. Doch wenn sich irgendwann die Wegspuren wie im Nichts auflösen und weit und breit kein Farbklecks zu finden ist, hilft uns nur noch unser Orientierungs- oder Spürsinn weiter. Zum Glück klappt's mit diesem in den meisten Fällen. Selten müssen wir eine Bergtour durch einen sogenannten „Verhauer" unabsichtlich verlängern.

Im weglosen Gelände gestaltet sich die Sache mit der Orientierung natürlich etwas schwieriger. Da ist mir die eine oder andere Bergtour doch noch etwas

Geh deinen Weg.
Es gibt so viele Wege.

KURT TUCHOLSKY (1890 – 1935)

► *Markierte Steinplatten weisen den Weg über die „sieben Hügel" zum Portlerhorn bei Damüls. Im Hintergrund baut sich die imposante Damülser Mittagsspitze auf.*

strapaziös in Erinnerung. Zwar hat man gerade bei solchen Unternehmungen die abenteuerlichsten und intensivsten Erlebnisse, diese sind dann aber auch den nicht eingeplanten Gewaltmärschen und in der Folge zerschundenen Knien und Blasen an den Füßen geschuldet.

Wandern und sich orientieren im weglosen Gelände erinnert mich immer ein wenig ans „richtige Leben". Im Alltag stehen wir auch ab und zu vor wichtigen Entscheidungen. Müssen uns zwischen links oder rechts, unten oder oben entscheiden. Müssen abwägen und schließlich einen vielleicht folgenschweren Entschluss fassen. Gerade dann ist es aber ungemein hilfreich, wenn uns an einer solchen Weggabelung oder einem solchen Lebensabschnitt jemand den richtigen Weg weist.

Die vielen Wegweiser, denen wir im Laufe unseres Lebens begegnen, dürfen uns nicht davon abhalten, unseren eigenen Weg zu gehen.
ERNST FERSTL (*1955)

◄ ▲ Etwas überdimensionierte (ca. 30 cm Ø) und leuchtend grell auf den Fels gepinselte Wegzeichen im Biokovo Gebirge in Kroatien.

Dabei ist es egal, ob wir die bequeme oder die mühsame Variante wählen, ob wir schnell oder gemächlich das Ziel erreichen. Es muss auch nicht immer ein massiver Edelstahlwegweiser mit exakten Zeit- und Entfernungsangaben sein. Es muss kein fertiger Lösungsweg vorgegeben werden. Oft reicht eine kleine Markierung oder ein ehrlicher Ratschlag.

Nicht der Weg ist das Schwierige,
vielmehr ist das Schwierige der Weg.
SØREN AABYE KIERKEGAARD (1813 – 1855)

◄ ▲ *In den Stein geschlagene Wegkreuze auf den unzähligen*
Höhenwegen oberhalb von Locarno.

Der beste Wegweiser ist,
ein Ziel vor Augen zu haben.

ERNST FERSTL (*1955)

▲ ► *Wegzeichen im Tessin.*

Wer neue Wege gehen will,
muss ohne Wegweiser auskommen.

ERNST FERSTL (*1955)

Es gibt viele Arten von Meditation.
Einige von uns gehen in die Berge,
einige laufen an einem Fluss entlang,
einige stehen auf einem Hügel.
Es gibt viele Orte,
um ein wenig bei dir selbst zu sein,
um der lärmenden Welt zu entkommen.
Gibt dir selbst eine Chance!

HORACE AXTELL
ÄLTESTER DER NEZ PERCÉ-INDIANER (*1924)

◄ ► *Steinmänner auf der Forcellina, 2672 m.*

► *Folgende Doppelseite: Mächtiger Steinmann als*
  Wegzeichen auf dem Gipfelplateau des Ben Nevis, 1344 m,
  in Schottland.

Seltsam im Nebel zu wandern!
Einsam ist jeder Busch und Stein,
Kein Baum kennt den andern,
Jeder ist allein.

Voll von Freunden war mir die Welt,
Als noch mein Leben licht war,
Nun, da der Nebel fällt,
Ist keiner mehr sichtbar.

Wahrlich, keiner ist weise,
Der nicht das Dunkel kennt,
Das unentrinnbar und leise
Von allen ihn trennt.

Seltsam im Nebel zu wandern!
Leben ist Einsamsein.
Kein Mensch kennt den andern,
Jeder ist allein.

HERMANN HESSE

▲ In der Geröllwüste auf dem Ben Nevis, 1344 m, in Schottland.
Bei Nebel oder Schneetreiben kann ein solcher Steinhaufen
lebensrettend sein.

► Die letzten Höhenmeter unterhalb des Gipfelplateaus des
Ben Nevis werden im feuchten Nebel zur Tortur.

An einem Sonnentag
zeigt die Natur
ihre strahlenden Farben,
gehst du aber im Nebel hinaus,
dann siehst du die echten.

THOMAS HÄNTSCH (*1958)

*An den Scheidewegen des Lebens
stehen keine Wegweiser.*

CHARLIE CHAPLIN (1889 – 1977)

◄ *Wegweiser am Portlerhorn, 2010 m, bei Damüls.
Im Hintergrund: Links Schesaplana, 2965 m,
rechts Panülerkopf, 2859 m.*

▲ *Im Aufstieg zur Capanna Basodino im Tessin.*

Hier am Waldrand
ist es still
Ein paar Minuten ausruhen
Der Weg war steil
Bienen und Fliegen summen
und die Sonne blinzelt durchs Laub
Es riecht nach Moos und Wald
am fernen Horizont
schwimmen ein paar Wölkchen
ein Eichelhäher krächtzt
auf geht's
eine halbe Stunde noch
zum Gipfel.

ULI SORG (*1956)

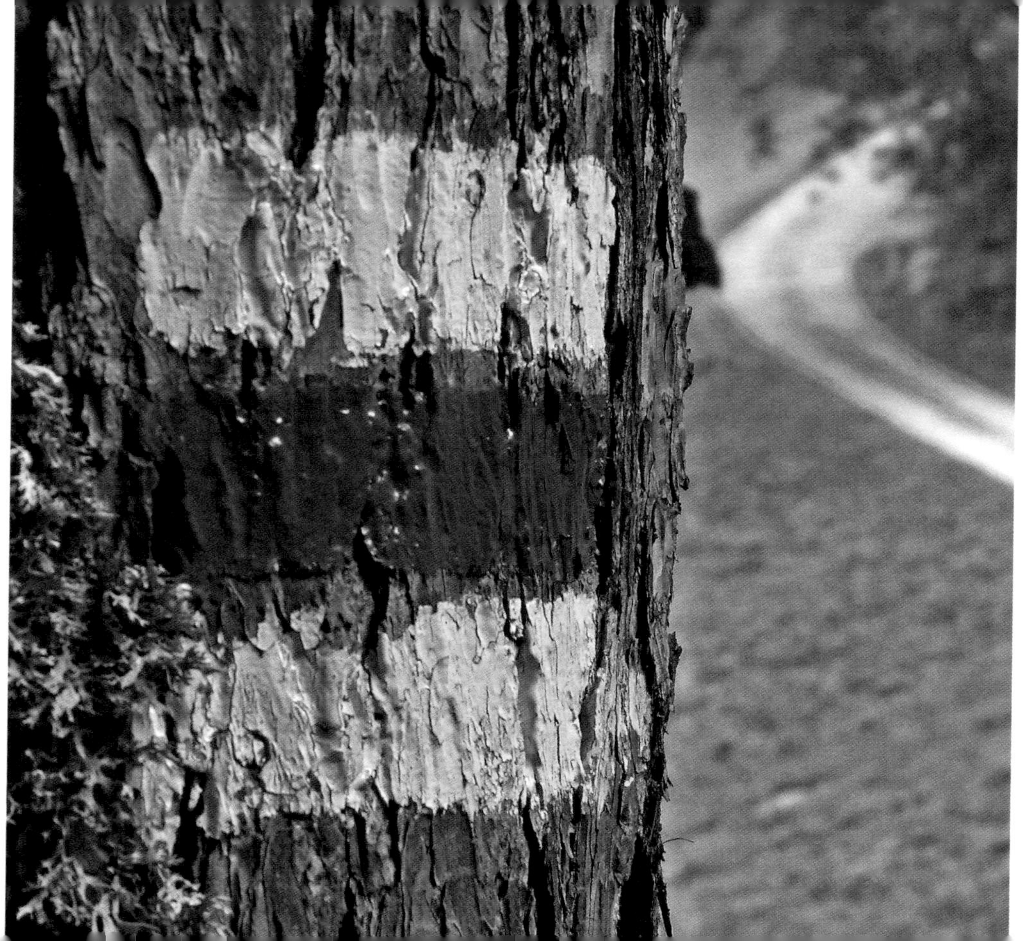

Das Glück
muss entlang der Straße
gefunden werden,
nicht am Ende des Weges.

DAVID DUNN (1811 – 1894)

Jede Minute, Mensch,
sei dir ein volles Leben,
verachte die Angst und den Wunsch,
die Zukunft und die Vergangenheit.
Wenn der Sekundenweiser dir kein Wegweiser in ein Eden
deiner Seele wird,
so wird's der Monatsweiser noch minder,
denn du lebst nicht von Monat zu Monat, sondern von
Sekunde zu Sekunde.

JEAN PAUL (1763 – 1825)

► *Im Aufstieg zur Forcellina im hinteren Averstal. Rechts im*
Hintergrund Piz Forcellina, 2939 m (links), und Piz Turba,
3018 m (rechts).

Silberwurz und Alpenglöckchen

Sprichwörter, Aphorismen und Lyrik
zu Natur und Alpinismus

Aber die Natur versteht gar keinen Spaß,
sie ist immer wahr, immer ernst,
immer strenge, sie hat immer recht,
und die Fehler und Irrtümer sind immer
die des Menschen.

JOHANN WOLFGANG VON GOETHE (1749 – 1832)

► *Landkartenflechten (Rhizocarpon geographicum) an*
der Ruine der Wetterwarte auf dem Ben Nevis, 1344 m.
Am höchsten Berg Schottlands und Großbritanniens
herrscht an 300 Tagen im Jahr Nebel bzw. Regen.

*Aber es gibt nichts Unnützes in der Natur,
nicht einmal das Unnütze selbst;
es ist nichts in dieses Weltall getreten,
was darin nicht seinen rechten Platz hätte.*

MICHEL DE MONTAIGNE (1533 – 1592)

▲ Stein- u. Landkartenflechten (Rhizocarpon geographicum) in Schottland am Ben Nevis. Weltweit gibt es rund 25000 Flechtenarten. Bei langer Trockenheit können sie in einen inaktiven „leblosen" Zustand wechseln. Wüstenflechten können noch nach Jahrzehnten aus ihrem ausgetrockneten Zustand „wiederbelebt" werden.

◄ Gebirgs-Frauenfarn (Athyrium distentifolium) ist anspruchslos und wächst auch im niederen Gebirge.

Die Erschaffung einer kleinen Blume ist das Werk von Jahrtausenden.

WILLIAM BLAKE (1757 – 1827)

Die Natur schafft immer von dem,
was möglich ist, das Beste.

ARISTOTELES (384 – 322 V. CHR.)

⬆ *Leim- oder behaarte Primel (Primula hirsuta). Eine der siebzehn in den Alpen verbreiteten Primelarten leuchtet uns mit ihrem roten, doldigen Blütenstand von einem Felssims entgegen. Der Name „Primula" lässt sich mit „Erstlingsblume" übersetzen (lat. prima = die erste), was auf die frühe Blüte hinweist.*

◀ *Leim- oder behaarte Primel (Primula hirsuta) bei Locarno im Tessin. Im Hintergrund der Sassariente, 1768 m.*

In den kleinsten Dingen zeigt die Natur die allergrößten Wunder.

CARL VON LINNÉ (1707 – 1778)

Ahme den Gang der Natur nach.
Ihr Geheimnis ist Geduld.

RALPH WALDO EMERSON (1803 – 1882)

▲ *Achtblättrige Silberwurz (Dryas octopetala). Die filigranen Fruchtstände der Silberwurz leuchten im Abendlicht an der Mannheimer Hütte. Die Silberwurz ist eine alte Heilpflanze und kann in den Alpen und im Kaukasus bis über 3000 Meter ü. N. N. steigen. Im Winter dienen die immergrünen Blätter Gämsen und Hirschen als Futter, in den Alpenländern wird aus ihnen ein wohlschmeckender und gesunder Tee zubereitet.*
◄ *Achtblättrige Silberwurz (Dryas octopetala) im Rätikon.*

Das Beste steht nicht immer in den Büchern, sondern in der Natur.

ADALBERT STIFTER (1805 – 1868)

*Die Natur erscheint mir fantasievoller
als das begabteste Hirn.
Meine Leistung besteht darin,
aus der Fülle des Vorhandenen
das für mein Bild Geeignete
zu ersehen und viel,
viel Überflüssiges auszuscheiden.
Ich versuche, mit meinen Augen zu denken.*

HANS MARTIN ERHARDT (*1935)

▲ *Scheuchzers Wollgras (Eriophorum scheuchzeri). In den Verlandungszonen von Tümpeln und Bergseen
zwischen 1500 und 3000 Metern Höhe finden wir oft ganze Rasen der zauseligen, schneeweißen „Strubbel-
köpfe". Das Wollgras gedeiht nur auf sauren Böden.*

◄ *Scheuchzers Wollgras (Eriophorum scheuchzeri) in der Silvretta.*

Dagegen hatte ich die Entdeckung gemacht,
dass die anmutigste, zärtlichste,
unschuldigste und erfrischendste Gesellschaft
immer in der Natur zu finden ist,
selbst für den schwermütigsten Menschen
und den größten Menschenfeind.
Es gibt keine wirklich düstere Schwermut für denjenigen,
der inmitten der Natur lebt
und der seine Sinne beisammen hat.

HENRY DAVID THOREAU (1817– 1862)

▲ ▶ *Die Alpenrebe (Clematis alpina) wächst in lichten Tannen-*
wäldern, an der oberen Waldgrenze in Lärchen- und Zirbel-
kiefernbeständen und überwuchert humusbedecktes Geröll.
Vereinzelt findet man sie noch in 2400 m.

> *Die Natur
> ist großzügig,
> aber nicht
> verschwenderisch.*

ANDRZEJ MAJEWSKI (*1966)

▲ *Alpen-Aster (Aster alpinus) vor den Drei Türmen im Montafon.*
► *Bunte Bergblumensträuße auf einer Sennalpe im Säntisgebiet.*

Sonnenschein ist köstlich,
Regen erfrischend,
Wind fordert heraus,
Schnee macht fröhlich;
im Grunde gibt es
kein schlechtes Wetter,
nur verschiedene Arten
von gutem Wetter.

JOHN RUSKIN (1819 – 1900)

*Wir leben
und wissen nicht wie lang,
Wir sterben
und wissen nicht wann,
Wir reisen
und wissen nicht wohin,
Mich wundert's
dass ich noch so fröhlich bin.
Wir leben so dahin
und nehmen nicht in acht,
dass jeder Augenblick
das Leben kürzer macht.*

MITTELALTERLICHER SINNSPRUCH

▲ Alpen-Troddelblume oder Alpenglöckchen (Soldanella alpina). Die dunklen Knospen und Blüten-
stiele absorbieren die Sonnenwärme und schmelzen sich im zeitigen Frühjahr durch die dünner
werdende Schneedecke.

▶ Alpenhornkraut (Cerastium alpinum). Der Schuttüberkriecher gedeiht auf Kalk-Felsschutt und
basischen Böden zwischen 1600 und 3500 Meter ü. N. N.

Wissenschaft genügt nicht, um die Sprache der Natur zu verstehen.
Für viele Menschen sind Poesie und Kunst verständliche Dolmetscher.

FRIEDRICH RATZEL (1844 – 1904)

▲ *Bärtige Glockenblume (Campanula barbata) vor der Sulzfluhsüdseite.*
Die glockenförmige, behaarte Blüte dient als Herberge für kleine Insekten, denn die Differenz zur
Außentemperatur kann einige Grade betragen.
► *Schwefelküchenschelle (Pulsatilla alpina subsp. apiifolia).*

Es sind nicht die bunten Farben, die lustigen Töne und die warme Luft, die uns im Frühling so begeistern. Es ist der stille, weissagende Geist unendlicher Hoffnungen, ein Vorgefühl vieler froher Tage des gedeihlichen Daseins so mannigfaltiger Naturen, die Ahndung höherer ewiger Blüten und Früchte, und die dunkle Sympathie mit der gesellig sich entfaltenden Welt.

NOVALIS (1772 – 1801)

▲ *Scheuchzers Glockenblume (Campanula scheuchzeri) an der Sulzfluhsüdseite. Steigt in den Alpen bis 3100 Meter ü. N. N.*

Auch wenn du einen Berg
erst beim dritten Mal
erobert hast.
Du hast nicht nachgegeben.
Nachgeben schwächt deine Muskeln
und bringt dich nicht weiter.

ULI SORG (*1956)

Letzte Meter
Schwitzen, Schnaufen
Gipfelkreuz erreicht
Atempause
Handschlag
Weitblick
Stille überall

Endlich rasten
Brutzeln, braten
Düfte aus dem Kochgeschirr
Korken ziehen
Becher klingen
Flachmann
Sehr zum Wohl

Foto
Fernglas
Gipfelbuch
Unendlich schweift der Blick
Grüne Täler
Weiße Gipfel
Sehnsuchtsberge nah und fern

Sonne
Wärme
Mattigkeit
Halbe Stunde Schlaf
Rabenschreie
Wolken ziehen
Träumerei vorbei

Letzter Blick
Auf Panorama
Letzter Blick
Rundum
Nächstes Ziel
Am Horizont
Bevor der Winter naht

Viele Touren
Viele Gipfel
Jahr für Jahr vergeht
Immer wieder
Gleiches Kribbeln
Wenn der Frühling
Kommt

ULI SORG (*1956)

▲ Alpen-Mannstreu (Eryngium alpinum). Die bis 1 Meter hohe Pflanze ist distelähnlich, gehört aber zu den Doldengewächsen. Die dornenbewehrte Blütenhülle schließt sich bei Nässe und Dunkelheit und wehrt Schnecken, Raupen und das Weidevieh ab. Alpen-Mannstreu ist in den Alpen zwischen 1500 bis 2500 Meter ü. N. N. anzutreffen. Teilweise auch im Rätikon und in Vorarlberg verbreitet.

Die wahre Lebensweisheit
besteht darin,
im Alltäglichen
das Wunderbare zu sehen.

PEARL S. BUCK (1892 — 1973)

Anhang

Literatur- und Quellenverzeichnis
Bildnachweis
Webcams usw.
Dank

Literatur

Quellen und ergänzende Literaturangaben:

Allgemein

Bakewell, Sarah
    Wie soll ich leben? (zu Montaigne)
    Verlag C.H. Beck, München 2012

Giono, Jean
    Vom wahren Reichtum
    Schifferlis Verlag AG, Zürich 1958

Gros, Frédéric
    Unterwegs
    Riemann Verlag, München 2010

Hammarskjöld, Dag
    Jeder Tag ein Leben
    Verlag Neue Stadt, München 2011

Hammarskjöld, Dag
    Leben und Profil
    Verlag Neue Stadt, München 2012

Hammarskjöld, Dag
    Zeichen am Weg
    Knaur, München 2005

De Montaigne, Michel
    Essais
    Manesse Verlag, Zürich 1953

Knecht, Alexander u. Stolzenberger, Günter
    Die Kunst des Wanderns
    dtv, München 2010

Thoreau, Henry David
    Vom Wandern
    Verlag der Manufactur, Horn 1983

Zebhauser, Helmuth
    Vom Unsinn des Bergsteigens
    Bergverlag Rudolf Rother, München 1985

Natur, Flora, Alpenpflanzen

Bocksch/Bott
Das Öko-Kräuterbuch
S. Fischer Verlag, Frankfurt 1983

Eisenreich Wilhelm, Handel Alfred, Zimmer Ute E.
Der neue Naturführer
BLV Verlagsgesellschaft mbH, München 2004

Foerster, Karl
Der Steingarten der sieben Jahreszeiten
Neumann Verlag, 1987

Hegi-Merxmüller
Alpenflora
Hanser Verlag, München 1963

Humboldt, Alexander von
Ansichten der Natur
Eichborn Verlag, 2004

Kriechbaum, Wilhelm
Alpenpflanzen im Garten
Verlag Paul Parey, 1960

Lippert, Wolfgang
Alpenblumen: Die wichtigsten Blütenpflanzen
der Ost- u. Westalpen erkennen und bestimmen.
Gräfe und Unzer, München 1990

Schreiber J. F.
Schreibers kleiner Atlas der Alpenpflanzen
Verlag J. F. Schreiber, Esslingen

Slavík, B, Kaplická J.
Alpenpflanzen, Lingen Verlag, Köln 1985

Werner, Manuel
Welche Alpenblume ist das?
Franckh-Kosmos Verlags GmbH, Stuttgart 2011

Fotografie, Layout

Altmann, Ralph
   Digitale Fotografie
   Midas Verlag, Zürich 2001
Hedgecoe, John
   Fotohandbuch
   Hallwag AG, Bern 1979
Bisping, Birgit
   Professionelle Bildbearbeitung
   Verlag Europa Lehrmittel, Haan 2009
Bringhurst, Robert
   The Elements of Typographic Style
   Hartley u. Marks, Vancouver 1999
Buddemaier, Heinz
   Das Foto
   rororo, Hamburg 1981

Cartier-Bresson, Henri
   Meisterwerke
   Schirmer/Mosel, München 2004
Clemens, John
   Digitale Schwarzweiß-Fotografie
   rororo, Hamburg 2005
Fawcett-Tang, Roger
   Buchdesign heute
   Stiebner Verlag, München 2004
Flusser, Vilém
   Für eine Philosophie der Fotografie
   Edition Flusser, Berlin 2011
Gulbins, Jürgen
   Handbuch digitale Dunkelkammer
   dpunkt Verlag, Heidelberg 2011

Haberkorn, Heinz
    Anfänge der Fotografie
    rororo, Hamburg 1981
Koschatzky, Walter
    Die Kunst der Fotografie
    dtv, München 1984
Mulligan, Therese und Wooters, David
    Geschichte der Fotografie
    Taschen Verlag, Köln 2005
Richter, Peter-Cornell
    Fotografieren
    rororo, Hamburg 1979
Schuler, Günter
    Photoshop für Fotografen
    rororo, Hamburg 2003

Sontag, Susan
    Über Fotografie
    Fischer Taschenbuch Verlag, Frankfurt 2011
Stiegler, Bernd
    Texte zur Theorie der Fotografie
    Reclam, Stuttgart 2010

Die Lärche aus dem Hochtal Avers

Bruno, Giordano
Über das Unendliche
Reclam, Stuttgart 2012

Bütikofer, David, Küttel, Peter
Die europäische Lärche
Hochschule Wädenswil, 2012

Dörken, Dr. Veit M.
Universität Konstanz, Larix – Lärche, 2012

Die Europ. Lärche – Literaturzusammenstellung
zum Baum des Jahres 2012
Schutzgemeinschaft Deutscher Wald Landes-
verband Bayern e.V. (SDW)

Grosser, Dietger u. Ehmcke, Gabriele
Das Holz der Lärche
LWF Wissen, 2012

Grottewitz, Curt
Unser Wald
Berlin 1924, (Digitalisierung Proj. Gutenberg)

Text+Berg digital,
Projekt zur korpuslinguistischen Erschliessung
alpinistischer Literatur, www.textberg.ch

SAC Jahrbuch 2008, Asper, Jean-Jacques
Baumriesen. Auf der Suche nach bäumigen
Raritäten

SAC Jahrbuch 1912, C. Täuber
Zwei kürzlich erschlossene Bündner Täler

SAC Jahrbuch 1879, A. Wäber, (Section Bern)
Aus dem Avers

SAC Jahrbuch 1883, Fr. Käser, (Section Uto)
Das Avers. Land und Leute

Dendrochronologie

Büntgen, Dr. Ulf
2500 Years of European Climate Variability
and Human Susceptibility, SCIENCE 331, 2011
Fraunhofer-Informationszentrum IRB Stuttgart
Kurztexte zur Denkmalpflege, 1989
Die Lärche – Bezeichnung, Vorkommen,
Wuchs, Größe, Beschreibung
Hugentobler, Oskar
Capettawald – Gòld da Capetta, Avers
(Schweizerische Beiträge zur Dendrologie Nr.
50–60 / 2007–2008, Seiten 16–22)
Pingel, V.; Hauptmann, A.
Archäometrie
eine Querschnittswissenschaft, Stuttgart 2005

Schlager, Edda
Dendrochronologie, scinexx 2004, scinexx.de
Pfeifer, Dr. Klaus
Dendrochronologische Begleituntersuchung
der Paarhofanlage, St. Gallenkirch 2007
Sorg, Annina
Dipl. Forstingenieurin ETH Zürich
Jahrringbreitenmessung und Abgleich mit der
Lärchen-Referenzchronologie für das Bündnerland
Labor für Dendrogeomorphologie, Institut für
Geologie Universität Bern, 2012
Universität Bayreuth
Die Lärche, Verwandschaft, Verbreitung &
Biologie, Bayreuth 2012

Klimadaten

National Satellite and Information Service,
    Climate Reconstructions,
        www.ncdc.noaa.gov/paleo/recons.html
Naturgefahren, Historische Ereignisse
    Nationale Plattform PLANAT, www.planat.ch
Naturgefahren, Amt für Wald Graubünden
    Faktenblatt 10, Jan 2009
Unwetterereignisse 1094 – 2005
    Amt für Wald Graubünden, www.wald.gr.ch
Klimaverlauf, Wetteranomalien 1500 – 2011
    Historisches Lexikon der Schweiz
    www.hls-dhs-dss.ch
Naturkatastrophen, Naturrisiken
    Umwelt Schweiz 2009
Klimageschichte, de.wikipedia.org

Strenge und milde Winter in Mitteleuropa
    365–1996, www.swisswetter.ch
Klima der Vergangenheit
    Bayerisches Landesamt für Umwelt
    www.lfu.bayern.de
Klima + Klimaveränderungen in der Geschichte
    www.s-line.de
Klimadaten Leibnitz Universität Hannover
    www.muk.uni-hannover.de
Klimadaten Alpen
    PD Dr. Ulf Büntgen
    Eidg. Forschungsanstalt WSL, www.wsl.ch
Unwetterschadens–Datenbank der Schweiz
Schnee- u. Lawinendatenbank
    www.wsl.ch

Welt-, Kultur- und Alpingeschichte

Teeple John B.
    Chronologie der Weltgeschichte
    Dorling Kindersley, London 2002
Duden – Lexikon
    Bibliografisches Institut AG, Mannheim 2010
Das Lexikon, Die Zeit
    Zeitverlag Gerd Bucerius GmbH & Co. KG,
    Hamburg 2005
Enzyklo, Onlineenzyklopädie
    www.enzyklo.de
Historisches Lexikon der Schweiz
    www.hls-dhs-dss.ch
Jahreskalender Wikipedia
    de.wikipedia.org

Historisches Alpenarchiv
    alpinum.at
Alpingeschichte
    www.gipfeltreffen.at
Alpinismus im Spiegel der Zeitgeschichte
    www.top-of-uri.ch
Faszination Berg: Die Geschichte des Alpinismus
    Böhlau Verlag GmbH, Köln 2008
150 Years, Stories
    Mammut Sports Group AG, Zürich 2011
Geschichte des Alpinismus
    www.bergnews.com
Geschichte des Höhenbergsteigens
    Peter Schatzl, 2001

Bildnachweis

Historische Bilder aus dem Avers Hochtal:
Institut des Dicziunari Rumantsch Grischun (IDRG)
Das Institut des DRG ist mehr als nur Arbeitsort
der DRG-Redaktion, es ist die reichhaltigste Do-
kumentationsstelle für das Bündnerromanische
überhaupt. Die Sammlungen, die Fototek und
die Bibliothek stehen der Öffentlichkeit (nach
Voranmeldung) offen; auf Wunsch werden auch
Führungen durchgeführt. www.drg.ch
Historische Bilder aus dem Avers Hochtal sowie
wertvolle Informationen zur alten Averserstrasse,
Capetta- und Letziwald: Oskar Hugentobler, Andeer (Oskar Hugentobler war von 1968 bis 2004
Kreisforstingenieur des damaligen Kreisforstamtes
14 „Hinterrhein")

Umschlagbild: Abstieg vom Zafernhorn bei
Damüls. Foto: Alfred Nuber

Vor- und Nachsatzpapier: Ausschnitt frei nach
der Historischen Karte des Valtelina von
1621, Kantonsbibliothek Chur.

Alle anderen Aufnahmen in diesem
Buch stammen vom Verfasser.

Alpine Webcams, Tourenplanung

Alpine Webcamsammlung:
www.bergruf.de/bergcam
Für GPS-Fans und zum Tourenplanen:
www.hikr.org, www.wandersite.ch
Tourenportal der Alpenvereine:
www.alpenvereinaktiv.com/de

Webcams zu den Kapiteln

Avers:
www.jufferien.ch, www.avers.ch,
www.viamala.ch

Bergwetter

www.meteoschweiz.ch, www.meteo.ch
www.alpenverein.de/DAV-Services/Bergwetter

Gipfelverzeichnisse, Panoramen

www.romankoch.ch, www.gipfelderschweiz.ch.

Der Verfasser dankt den Rechteinhabern für die Nachdruckgenehmigungen, die durch den Textnachweis und einen folgenden Genehmigungs- oder Copyrightvermerk bezeichnet sind. Trotz gründlicher Recherchen war es nicht in allen Fällen möglich, die Rechtsinhaber ausfindig zu machen.

Allgemeine Quellen

Viele Bücher dienten als allgemeine Sekundärliteratur. Wahre Fundgruben, um an antiquarische, vergriffene und z.T. recht preisgünstige (Alpin-) Literatur zu kommen:
www. zvab.de,
www.findmybook.de, www.buchhai.de

Sehr gut sortierter Alpinverlag

www.panico.de.

Hier oben fühle ich mich frei,
ich kann alle Verpflichtungen hinter mir lassen.
Am Berg habe ich ein anderes Lebensgefühl
als im Tal.
Das Bergsteigen ist einfach mein Leben.
GERLINDE KALTENBRUNNER (*1970)

Im Gehen wächst der Weg

Abseits viel begangener Pfade wandern, einmal innehalten und der Stille in den Bergen nicht davonlaufen. Den Atem spüren und sich der Sonne öffnen. Auf dem Gipfel, an der Nahtstelle zwischen Himmel und Erde, rasten und ruhen und die Zeit eine Stunde anhalten. Meditieren und seiner Seele ein bisschen näher kommen. Sich mit dem Seilpartner und Weggefährten über Erlebtes freuen und es auskosten. Das ist Glück, einfach Glück. Das Buch ist kein Bergsteigerroman, und auch kein Tourenführer. Weder Lyrik-, Foto- noch Rezeptbuch. Es soll auch keine schöne heile Welt vorgaukeln, zu offensichtlich treten vielerorts die negativen Begleiterscheinungen des Alpinismus zutage. Das Buch erzählt von Gipfeln und Erlebnissen auf dem Weg dorthin. Von glücklichen Momenten und Niederlagen. Von Harmonie und Schönheit in der einmaligen Naturlandschaft der Berge und der Möglichkeit, sich unserer rasenden Zeit zu widersetzen. Wie viele andere Bergsteiger ist auch Uli Sorg auf einer ständigen Wanderschaft und auf der Suche nach diesen ideellen Werten, die es zu erhalten gilt, und lässt uns mit seiner Bilderwelt daran teilhaben.

hoch empor
Uli Sorg

272 Seiten,
210 x 130 mm,
gebunden, Hardcover, in 4-Farb-Intenso plus Spezialdruckverfahren, auf schwerem, halbmattem Kunstdruckpapier gedruckt, mit 4-fbg. Schutzumschl., ca. 400 Farbabbildungen.

ISBN 978-3-9811505-0-6
uweb Verlag 2008,
2. Auflage, Preis 24,90 €

Erhältlich unter:
hochempor.de
Buchhandel.

hoch empor
Fotografien und Geschichten
Uli Sorg

Dank

Ich danke allen, die mir bei der Realisierung des vorliegenden Buches behilflich waren.

Christel und Helmut Voith für das mühsame Korrekturlesen und das sorgfältige und zeitaufwändige Schlusslektorat. Mit ihrer Hilfe konnte auch noch manche „verschwurbelte" Textkonstruktion zurechtgebogen werden. Melanie Fleig Ritter fürs finale, kritische Querlesen. Edmund Ummenhofer, ohne ihn gäbe es das umfangreiche Kapitel über die Avers-Lärche nicht. Außerdem freue ich mich jeden Tag über die vielen Enzian- und Edelweißkissen aus seiner Zucht in unserem Garten.

Annina Sorg, Dipl. Forstingenieurin ETH Zürich. Sie hat am Labor für Dendrogeomorphologie, Institut für Geologie Universität Bern, die exakte Altersbestimmung der Lärche vorgenommen. (Wir sind übrigens nicht verwandt – welche Zufälle das Leben doch bereithält.) Walter Thoma für die Übersetzung aus dem „Mittelalter-Italienisch."

Simone Kathan, die mir bei der „Erstversorgung" der mächtigen Lärchen-Baumscheibe behilflich war.

Claudia und Rainer Penzkofer – für manchen botanischen Tipp und das Stereomikroskop, mit dem ich die ersten Zählungen durchführte und mein Interesse an der Lärche eine neue Dimension bekam. Oskar Hugentobler aus Andeer, er war der heiße Draht ins Averstal und eine ergiebige Quelle für Bild- und Textmaterial. Martin Wachtler, Druckvorstufen-Mann der Druckerei LONGO in Bozen, welcher auch bei der 50sten E-Mail und dem 100sten Anruf Coolness bewahrte und mir drucktechnisch mit Rat und Tat zur Seite stand. Ohne solche Spezialisten wären individuelle Druckerzeugnisse wie meine Bücher nicht möglich. Großen Dank natürlich meinen treuen Bergkameraden, Kletterspezln, Bergfexen und Fotomodellen, ihre Begleitung ist immer wieder Inspiration und Quelle für so manchen „verewigten" Gedanken. Und natürlich meiner Frau Elke und meiner Tochter Eva für ihre unermüdliche Unterstützung und ihr Vertrauen in meine Werke.

Für etwaige Fehler und Irrtümer inhaltlicher Art übernehme ich die alleinige Verantwortung.

BÜCHER HABEN FESTE PREISE!

In Deutschland hat der Gesetzgeber zum Schutz der kulturellen Vielfalt und eines flächendeckenden Buchhandelsangebotes ein Gesetz zur Buchpreisbindung erlassen. Damit haben Sie die Garantie, dass Sie dieses und andere Bücher überall zum selben Preis bekommen: bei Ihrem engagierten Buchhändler vor Ort, im Internet, beim Verlag. Sie haben die Wahl. Und die Sicherheit. Und ein Buchhandelsangebot, um das uns viele Länder beneiden.

Klimaschutz - Zertifikat

Dieses Buch wurde klimaneutral hergestellt. Das bedeutet, dass alle CO_2-Emissionen (ca. 1.504 kg CO_2 bei dieser ersten Auflage), die beim Druck und der Papierherstellung entstanden sind, über zertifizierte Klimaschutzprojekte ausgeglichen wurden. Alle CO_2-Emissionsquellen wurden berücksichtigt: Papier (Rohstoff, Produktion, Herstellung, Logistik), Energie, Druckvorbereitung und Vorstufe, Druckplatten, Druckfarbe, Feucht- und Reinigungsmittel, Maschinenlaufzeiten, Weiterverarbeitung, Endlogistik, Mitarbeiter-Mobilität. Über die nachfolgende ID-Nummer lässt sich zurückverfolgen, wie viel CO_2 über welches Klimaschutz-Projekt kompensiert wurde.

klimaneutral
natureOffice.com | IT-213-539477
gedruckt

*Vielleicht ist es mit dem Kampf am Berg
so wie mit dem Aufstieg.
Weil es so anstrengend ist, nach oben zu kommen,
bleibt es so stark im Bewusstsein.
Mit dem Glück ist es so wie mit dem Abstieg.
Leicht und schnell ist man wieder unten,
vergessen.
Es ist egal, welchen Berg man besteigt,
oben wird man immer weiter sehen.
Was man da oben sucht, ich weiß es nicht.
Die Wahrheit ist so kompliziert,
dass sie niemand versteht.
Eigentlich ist der Berg nur ein nominelles Ziel.
Was zählt,
sind die Stunden, Minuten, Sekunden,
wie man sie verbringt.*

REINHARD KARL (1946 – 1982)